JN187467

吉野家

もっと挑戦しろ！
もっと恥をかけ！

吉野家ホールディングス会長
安部修仁

廣済堂出版

はじめに――吉野家の大切なお客様へ

いつも吉野家をご利用いただきまして、ありがとうございます。

吉野家の事実上の創業者である松田瑞穂《みずほ》は、常に「店はお客様のためにある」と教えていました。その精神に沿って、彼流の独創的で他に類のない「味のある店づくり」「味のある会社づくり」に邁進し、吉野家と若い私たちの育成に生涯を捧げた稀代《きだい》の経営者だと思っています。

その志は脈々と世代を超えて受け継がれ、吉野家流（吉野家ウェイ）の基礎が築かれてきたと自負しています。

そして、さまざまな悪条件が重なり、倒産を経験しましたが、その再建に当たられた増岡管財人の下で、倒産と再建という環境の激変により突然変異した進化形のDNAが、極めて特異な吉野家の今日を形作っていると感じます。

振り返ると、一貫しているのは、お客様を大切にし、従業員を育成すること。即ち、「人を大切にする」ことが吉野家の特徴です、と胸を張って言えることが私たちの誇りです。

一つの象徴的なエピソードを紹介します。

忘れもしない2003年のクリスマス・イブのこと。アメリカでBSE（牛海綿状脳症）が発生し、米国産牛肉の輸入が全面停止となりました。詳しい経緯は後述しますが、吉野家は1970年代から独自に開発した「吉野家のタレ」に合う穀物飼育の米国産牛のショートプレイト（アバラの部分肉）を吉野家スペック（標準仕様）に創り上げ、吉野家独自の味を創ってきましたから、牧草で育った牛の肉では味が変わってしまい、お客様にとっても私たちにとっても「吉野家の牛丼」ではなくなってしまう。信頼を守るために牛丼を休止する判断を致しました。

それから2年半、待望の輸入再開が決まり、牛丼復活の見通しが立ったある日のこと、吉野家本社に普通郵便の分厚い封筒が匿名で届きました。

開封した社員はビックリです。そこには200万円の現金が入っていたのですから。

そして、手書きの美しい文字でこんな短文がそっと添えられていました。

前略　失礼します。

先日、突然亡くなりました我が息子は、貴社の牛丼が何よりの好物でした。以前の牛丼が再開されますと、息子もさぞ喜ぶ事だろうと思い、わずかではございますが寄附させて頂きます。

厳しい状況とは存じますが、牛丼ファンのために頑張ってください。

草々

文章や筆跡から、差出人は御婦人の方だと思われました。大金が入っていたのには驚きましたが、それ以上に、亡くなられた息子さんへの想いを重ね、こんなにも吉野家の牛丼復活を待ち望んで下さっている方がいらっしゃることに私たちは奮い立ち、改めてお客様の有難さを噛みしめました。

あまりにも多額なのでお気持ちだけ受け取り、お返ししようと思いましたが、匿名ゆえに探し出すことができませんでした。消印のあった街に寄附するとかモニュメントを造るとかさまざま考えましたが、再開への準備をして、発売直前の全社員が集合して行った決起集会（東京と大阪）にて、約1000店の店長に（本部の全社員も含めて）当時はまだかなり流通していた2千円札1枚と、寄附を賜りました御婦人の手紙のコピーを封書して渡しました。そして、「こんなにも吉野家を愛して頂いているお客様のために、一杯残らず魂を込めて、吉野家の牛丼を提供しよう！」と呼びかけました。

発売初日、午前10時の発売には開始前から1000店全店で等しく長蛇の列ができました。店長の震える声で発した「長らくお待たせ致しました、只今より牛丼を再開します！」の声に、お待ち頂いているお客様から割れるような拍手を頂いたときは、パート、アルバイトに至る全社員は嗚咽《おえつ》を堪《こら》えきれず、それまで当たり前だと思っていた「牛丼を振る舞うこと」に無上の喜びを感じたものです。

創業以来掲げてきた「我々はお客様に喜んで頂くために、ここで働いているんだ」という理念を実感した瞬間でした。

思えば吉野家は、こうしてお客様に支えられ、社外の支援者に守られ、全従業員の奮闘によって数々の窮状を、次の飛躍への糧《かて》にしてきた歴史だと、誠に有難く、感謝の一念です。

さて、本書では、不思議な縁に導かれた私の吉野家人生を語らせて頂くなかで、事実上の創業者の松田さんが、今や国民食とも言われる牛丼をどう発明し、企業化していったか、そして、倒産と再建のなかで学んだこと、社長として迎えたあのＢＳＥの試練をどう克服したかを中心に語ってみたいと思います。

お客様のために存在する吉野家を、健全に未来に繋げていくことが私たちの使命です。

アルバイトから始まった私の吉野家人生も、かれこれ45年になろうとしています。１９９２年に代表取締役社長に就任して以来、２０１４年まで22年間にわたって経営のトップを務めて参りましたが、今は第一線を退き、こうして振り返ることができますのも、ここまで吉野家を支えてくださった皆様のおかげ。この場を借りまして、感謝を述べさせていただきます。ありがとうございました。

なお、読者の皆様に臨場感を持ってお読みいただくため、また肩の力を抜いて読んでいただきたいという意図から、口語調の文を多用いたしますことをお許しください。

２０１６年11月吉日

吉野家ホールディングス会長

安部修仁

吉野家

もっと挑戦しろ！
もっと恥をかけ！

目次

目次

第二章 古さと新しさが同居する吉野家

吉野家は一から十まで松田さんが創った

第三章　革命前夜

吉野家三大事件①――倒産・再建の舞台裏

第四章　「安さへの挑戦」が生んだ試練

第七章　吉野家のＤＮＡ

吉野家が吉野家であるために

第一章

ギターと牛丼

吉野家でアルバイトを始めた理由

父と兄の死が人生を変えた

吉野家に身を置いて、早いものでもう45年になります。この間にさまざまなことが起こりました。そこで、これまであまり語ることのなかったエピソード等も含めて、吉野家の精神《こころ》を、そして私の想いを回顧しつつ、ご披露したいと思います。

まずは「隗《かい》より始めよ」の諺どおり、自己紹介から。

私、安部修仁は、昭和24年9月14日、福岡県糟屋《かすや》郡宇美《うみ》町で生まれました。宇美という地名は大変に珍しいのですが、『古事記』によると、この地で応神《おうじん》天皇がお生まれになったところから「うみ（産み）」に因んで名付けられたとのことです。

ただ、我が家のルーツは福岡県ではなく、大分県です。アベと読む姓は「阿部」

だったり「安倍」だったりもしますが、同姓の知人から送ってもらった資料によれば、そのルーツは、古くは東北や京都が源で、そこから四国に流れ、ひとつは豊後《ぶんご》水道を渡って大分に、またもうひとつの流れは瀬戸内を抜けて、長州へも渡ったようです。実際、私の祖父・安部半平は大分の鶴崎の出です。

父の名は嘉月《かつき》、母はタマ子。きょうだいは上から長姉・千恵子、兄・脩剛《のぶよし》、次姉・恭子、そして私の4人で、私は末っ子です。

祖父・半平はコークス（石炭を乾留して作る固形燃料）から豆炭《まめたん》を作る技術を開発した人で、自ら創業した「日光豆炭工業所」を経営していました。

福岡県は、戦後まもなく石炭産業で大変に繁栄したところで、「日光豆炭」も福岡ではヒット商品でしたから、その名をご存知の方もまだいらっしゃるかもしれません。ですから、私が子供の頃は、祖父の仕事もかなり盛んでした。

物心ついた頃から、我が家にはテレビをはじめ家電製品が豊富でした。昭和30年代の初め頃ですから放送はまだNHKだけ、それも昼間は放送されていなかったのですが、大相撲の中継がある時は、近所の人たちや子供たちが私の家に上がり込んでテレビを囲んでいました。近隣の人たちや家業の関係者がいつも集まって賑やかな家でしたね。

ただ、私が2歳の時、父・嘉月が亡くなりました。続いて兄・脩剛も私が8歳の時に病死します。兄は生まれつき身体が弱く、学校も休みがちでしたが、よく本を読み、学業が優秀だったことを子供心に覚えています。

今考えれば、早くに父と兄を亡くしたことで、のちの私の人生が大きく変わったのだと思います。祖父の事業継承に断絶が生じたからです。

もし父が生きていれば、兄が亡くなっても、父が継承したであろう家業を継がなければならなかったでしょうし、父が亡くなっても兄がいれば、兄が継いだ家業を手伝っていたと思います。

どちらが祖父の事業を継承したにしても、いずれ石炭産業は終焉を迎え、新たなエネルギー転換の時代が来ます。しかし、きっと代替事業に切り替えて転換期を乗り越えていただろうと思います。

何かしらの事業はやっていたでしょうから、父か兄かどちらかが生きていれば、

1949年、生まれたばかりの頃

日光豆炭工業所の前に立つ祖父

きっと私は東京に出て好き勝手をやるわけにはいかなかったと思うのです。

　もちろん、父と兄が亡くなったことで、私が自由の身になったわけではありません。祖父は家に人を呼ぶのが大好きで、我が家にはいつも大勢の人が出入りしていましたが、そうした時、「あんた、跡取りやけん」と親類や周りの人からよく言われたことは、体内にインプットされています。

「いずれ祖父の事業を継がなければならない」ということが子供心に刷り込まれ、事業家としての意識が醸成されたのかもしれません。ただ、父と兄が亡くなった時、私はまだ幼少でしたから、とりあえず祖父が事業を継続している状態のまま、時間的な猶予《ゆうよ》を私にもたらした。

いずれにしても、図らずも我が家に生じた継承の断絶が、私が家を離れることを可能にしたわけですから、わからないものですね。

まだ物心がつく前に父と兄が亡くなってしまったということが、安部家と私のその後を大きく変えたことは間違いありません。

通信簿に書かれたのは「落ち着きがない」

と言っても、こうしたことは、ある程度年齢がいって振り返った時に思えたことで、我が家は基本的に放任主義でしたから、末っ子の私は自由奔放、好き勝手に遊びまくっていました。

祖父からは、私が夏休みの宿題の工作がうまくいかず、ほっぽり出してしまった時、「こういうものは、完成するまでコツコツやらなければいかん！　じいちゃんが豆炭をつくった時はね……」と、豆炭製造の研究開発の苦労話を聞いたことは覚えていますが、跡継ぎの件で何か言われた記憶はありません。

それにしても、よく遊びました。団塊の世代ですから、いつも20人も30人も近所の子供たちが集まっては、日が暮れるまで遊び放題です。

そのなかに、今でも付き合いのある宇美八幡宮幼稚園時代からの幼馴染みが二人います。一人は藤《とう》賢一、もう一人は藤木辰正です。

藤は、のちに複合商業施設キャナルシティ博多を創った男、藤木もハイアット系ホテルの社長を歴任し、二人とも福岡の立派な財界人です。藤は同級生、藤木は一つ年下ですが、この二人と私の三人が中心となって町内のソフトボールのチームを結成し、郡の大会で優勝したこともありました。

宇美小学校時代の私は、日常の態度に少々問題のある子だったようです。なにしろ、通信簿の備考欄に決まって書かれるのは「落ち着きがない」でしたから。

ある時、こんなことがありました。

その日、授業参観があって母が来てくれたのですが、家に戻ると、母が正座していつになく厳しい顔で待ち構えていました。

「ここに座りなさい」

母の前に正座をすると、こんこんとお説教です。理由はよく覚えていませんが、その正座の時間の異常に長かったこと。それだけはよく覚えています。やはり、授業中の態度に落ち着きがなかったんでしょう。「落ち着きがない」という評価は、担任が代わっても不変でした。

母は大分県臼杵《うすき》郡野津《のつ》町の出身で、元看護婦です。福岡の病院に勤務していた時に祖父と出会い、同じ大分の出身ということで、息子（父）と見合いをさせられたようですね。

母、タマ子

ですから、子供の頃は夏休みになると、決まって母の実家に里帰りしたものです。母の故郷の大分県野津町は、「吉四六《きっちょむ》伝説」ゆかりの地。吉四六さんというのは、一休さんのようにとんち話の主人公で、今でも吉四六話が200近く残っています。私を寝かしつけるために、よく吉四六さんのとんち話を聞かせてくれたのを覚えています。

授業中は睡眠中

宇美小学校を卒業した私は、やはり家からほど近い宇美中学校に進学します。

中学時代は、サッカーと音楽、そして、時々勉強という毎日でした。とくに音楽にのめりこんでいました。

まあ、3年生の時の受験勉強だけは多少やりましたかね。そして、福岡県立香椎《かしい》工業高校に入学します。家が豆炭屋で近所の従兄弟も皆、工業高校というわけで、たいした理由はありません。しかも私が入ったのは機械科や電気科ではなく、工業化学科です。

ラグビー部の仲間と。前列左から2人目が著者

まだ入学前の春休みから、私は高校のラグビー部の練習に参加しました。中学のサッカー部の先輩がラグビー部のキャプテンだったことで入学と同時に入部させられ、練習に参加させられたのです。

香椎工業高校のラグビー部は創部4年目でしたが、私たちの入学と入れ替わりに卒業した創部1期目の先輩たちは福岡県予選の決勝までコマを進め、花園まであと一歩というチームでした。いわば強豪校です。

先生は日体大のハンドボール部出身で、学生時代はジャパンのゴールキーパーだった人ですが、どういうわけか、香椎工業高校に赴任すると同時に、ラグビー部を創った。そして、わずか3年目で福岡県予選の決勝を戦うようなチームを作り上げたんですね。

ですから、練習のハードさは想像を絶していました。科学的トレーニングなど存在しない時代の強豪校ですから、朝練から始まって、放課後も夜遅くまで徹底的にしごかれました。ちなみに私のポジションは、2年までは9番（スクラムハーフ）、3年の時は10番（スタンドオフ）。

授業はというと、毎日の練習で疲労困憊《こんぱい》ですから、完全に熟睡です。机の上に突っ伏すというより、堂々と教室の床に転がって眠っていました。工業化学科は授業も白衣で受けていましたから、これがシーツ代わりです。授業中いつも寝ていたのは、だいたいラグビー部か野球部の連中でしたね。

おまけに、2日に1回は電車に乗り遅れて3時間目に教室に入るという大遅刻の常習犯でしたから、もちろん成績は赤点です。最終的には何とか監督に救済され、留年を免れるというパターンの繰り返し。

ラグビーのほうは、ハードな練習に曲がりなりにも耐えた3年間でした。残念ながら、私の在学中は花園への出場は叶わず、県予選ベスト8止まり。しかし、3年生の時に福岡県の代表になった福岡電波高校（今の福岡工大附属城東高校）が全国大会で優勝したくらい福岡は強かったですから、我がラグビー部もそこそこのレベルだったと思います。

夢中だったバンド活動

高校時代、ラグビーと同じくらい熱中したのが音楽でした。

子供の頃、家には、ビクターの商標になっている犬が首を傾げて聴いているあのラッパの蓄音機がありました。祖父が聴いたのでしょう、浪曲や芸者さんが歌うお座敷歌謡のレコードがよくかかっていました。横に付いている手巻きのハンドルを回してレコードの回転を上げ下げすると音が変わるのが面白くて、遊んでいたのを覚えています。

音楽も好きで、不思議と楽譜を見れば初見でも歌うことができました。音を拾うことができたわけです。

というのは、小学4年生の頃からだったと思いますが、家に姉のガットギターがあったので、最初はそれを仰向けに寝かせて床に置き、弦を弾いていたんですね。コードを押さえるのではなく、左手の指で弦を押さえて右手の指で弾く。つまり、単音を連ねてメロディを奏でていました。ギターを抱えて弾きだしたのは、少し体が大きくなった小学校の終わり頃からだったと思います。

中学に入ると、洋物のいわゆるポピュラー・ミュージックが大流行した時代です。トランジスタラジオで「ビルボード」や「キャッシュボックス」のランキングをチェックし、気に入った曲があればレコード屋でドーナツ盤を買い、何度も聴いてメロディを覚え、ギターで弾く。次第に、誰に教わるでもなくコードも覚え、弾き語りもできるようになっていました。

高校時代（1966年）の文化祭にて。真ん中が著者

折から音楽シーンは、当時の若者を熱狂させたベンチャーズ、そしてビートルズ、ローリング・ストーンズという、1960年代中盤から後半にかけての熱い時代に突入します。それを追うように日本でも多くのグ

ループサウンズが活躍を始め、私たちの世代は、彼らの影響をもろに受けました。

中学時代も同級生らとバンドまがいのことをやっていましたが、高校に入った私は、ラグビー部の傍ら同じ高校の連中を集め、アマチュアバンドを結成します。と言っても、遊び仲間で作ったバンドですから、楽器のできない者もいます。そこで、サイドギターもベースもドラムも、私が弾き方、叩き方を全部教えました。ギター以外の楽器も下手なりにできたわけですね。

音楽をやった方ならおわかりだと思いますが、メロディを担当しているリードギターやピアノ、キーボードのプレイヤーは、メロディ楽器だけでなくベースやドラムといったリズム楽器を教えることもできます。私はリードギターでしたから、やれと言われれば全パートをアレンジすることができました。

残念ながら、当時はまだバンド活動など不良のやることという時代ですから、ましてや高校生がライブハウスや劇場で演奏活動をしたら即刻処分です。私も学園祭やダンパ（ダンスパーティ）で演奏するだけで、派手なバンド活動はできませんでしたが、あの当時、私のバンドも洋楽を中心にさまざまなレパートリーを演《や》っていました。

一度、こんなことがありました。

我が家の2階の離れで、仲間が集まって演奏していた時のことです。1台しかない私のアンプに他のメンバーも楽器をつないで演奏していました。

野中の一軒家ではありませんから、さぞ、近所の人たちはうるさかったことでしょうが、誰からも文句は来ません。町の名士、祖父の存在があったからです。ただ、その祖父が工場から戻ってきて、私たちの演奏を耳にした時は大変でした。

「やかましか！」

「そういうことは、外でやれ！」

大声で怒鳴った祖父の声を、いまだに覚えています。

将来の夢

将来のことを考え始めたのは、高校2年生の頃でしたかね。

進学か、音楽か。

中学の頃からの夢は、体育の先生でした。ラグビー部の監督からの推薦で先生の母校である日体大のラグビー部に入れてもらえるような話でしたから。

しかし、2年の夏合宿のとき、法政大学で活躍する先輩（後にリコーに入り、ジャパン候補にもなった寺元さん）から大学のラグビー部の練習は高校の比ではない、もっと凄まじいものだという話を聞いた瞬間、体育の先生は諦めました。練習嫌いだった私は、これからさらに4年間もこれ以上ハードな練習に耐えなければならないと考えただけでラガーマンは諦め、志望は音楽のほうに変わったのです。切り替えの早さは、当時からの私の個性かもしれません。（笑）

教師になるのを諦めても、「ああなりたい、こうなりたい」と、他にいくらでも夢が膨らんでくるのが高校時代です。そういえば、プロボクサーになりたいと思ったこともありました。

子供の頃からテレビのボクシング中継が好きで、当時はファイティング原田、関光徳など魅力ある選手がキラ星のごとく活躍していた時代だったことに加え、向かいの家に住むいとこのお兄ちゃんが福岡電波高校のボクシング部にいて、ボクシングのグローブを使って、友達といつもスパーリングをしていました。

その兄貴が「修仁、うまいな」と褒めてくれたことが、「ボクサーになりたい」につながったのかもしれません。たったそんなことで、夢が膨らむのが若い頃の私でした。

実は、音楽も同じです。

楽器もまともにできない連中に、「ここは、こう弾くんだ」とか、「リズムは、こういう感じで」などと教えているうちに、彼らが急に上手くなって私を持ち上げてくれたりする。こうなると「俺は天才なんじゃないだろうか」と大きな勘違いをしてしまうわけですね。

つまりは〝井の中の蛙〟ですが、まあ17、18歳という年齢の頃、自分の限りない可能性を信じられるのが若さの特権であり、また勘違いでありというものでしょう。ともあれ、こうして私は自分の可能性に期待を抱き、ミュージシャンになるべく上京する道を選びました。

印刷会社のバンドの先輩たちと（左から2人目が著者）

上京

東京へ行ってミュージシャンを目指すことを母には言いました。
「いずれ帰って家を継ぐから、数年間だけ自由に夢を追わせてほしい。やらないで後悔するより、やって後悔したい」ということを伝えると、放任主義の母は、そのことについては反対しませんでした。

ただ、当時、福岡と東京の距離感は海外に行くような感じですから、泣いてはいましたね。ですから、最初の数年は年に数回は帰省するようにしていましたし、母が亡くなるまで「いずれ帰る」と言い通しました。今は草葉の陰で「もう、いいよ」と言ってくれていれば良いのですが……。

祖父には言えませんでしたね。言って反対されると、ミュージシャンの道どころか、東京に行くことすら断念しなければならなくなってしまいますから。

さて、上京していきなりプロになれるわけもありませんから、私はいったん東京の印刷会社に就職します。幸いなことに、中堅規模のしっかりとした会社でしたから全寮制でした。そこが東京に出て、ミュージシャンになるための拠点になったのです。

印刷会社に入社した私は、早速、職場内にあったバンドに入り、昼休みなどに屋上でみんなと練習しながら、その一方で、プロになる道を模索していました。

ある休みの日、ぶらっと新宿の街に出た時のこと。雑踏と喧騒のなかで、生まれて初めての猛烈な孤独感に襲われたのを覚えています。

(俺は一人で生きていかなきゃならないんだ)

それは、遅ればせながら自立の瞬間だったのかもしれません。

ついに、プロのミュージシャンに

プロへの道が開かれたのは、就職してから約1年後のことでした。

あるバンドがギターを募集しているというので、早速オーディションを受け、合格しました。こうして、私はわずか1年で印刷会社を辞め、プロダクション所属のバンドマンになったのです。

これで念願のミュージシャンへの道が開けたわけですが、最初から腰かけのつもりの私を採用してくれた会社には迷惑をかけてしまいましたね。

バンドに入って最初の仕事の舞台は、群馬県の水上《みなかみ》温泉でした。

ホテルのクラブでのステージですが、2カ月近くやったでしょうか。仕事は夜だけで、昼間は曲のレパートリーを広げる練習ができて3食、温泉付きですから、いい思い出です。

プロダクションとしては、そういう場でみっちり音づくりをさせ、その後、本格的な仕事に行ってもらおうというわけです。それまでやっていた音楽とは違うR&Bのバンドでしたから、昼間の練習はとても勉強になりました。

東京に戻り、ディスコやサパークラブ、キャバレーなどの仕事をどんどんこなしますが、当時、一番ギャラがよかったのはキャバレーです。

ただ、キャバレーで求められるのは、たいていは歌謡曲の歌手の伴奏やらチークダンスの曲ばかり。R&Bのバンドだという自負があったので、「なんでこんな演奏をしなければいけないんだ。こんなものをやるためにバンドやってんじゃない！」と、ツッパっていました。

バンド解散

回ってくる仕事に不満を抱いていた私は、零細プロダクションに見切りをつけ、仲間を集めて自分たちの好きな音楽をやるべくフリーのバンドを結成します。

売れない無名バンド「ビーモス」。やる気は満々でしたが、プロダクションに所属しないフリーの身ですから、自分で仕事を取ってこなければなりません。バンドのリーダーである私がその役目です。

バンドの仕事は、1カ月間同じ店で演る「箱バン」と言われる専属バンドと日々店が変わるゲストバンドとの2パターンですが、箱バンにならないと収入が安定しないわけです。ただ、それには店のオーディションに受からなければなりません。

ある時、合格を見込んでいたオーディションに落ちてしまいました。そうなると、メンバーの給料が払えません。やむを得ず、福岡の母にお金を送ってもらいました。事業主の悲哀と厳しさが少しわかったのは、この時だったかもしれません。

そして、一度ならずまた仕事に穴をあけてしまった時のこと。さすがに2度目は母に頼むこともできず、いったんバンドを解散しました。そして再起を図るため、当面はアルバイトに専念することにしたのです。

その時、「アルバイトニュース」をめくったことから私の吉野家人生が始まるわけですが、思えば、父と兄が亡くなって家業に継承の断絶が起こったことで家を離れ、ミュージシャンの道でつまずいたことで吉野家でアルバイトをすることになったのですから、わからないものです。

吉野家のアルバイトを始めた頃の話で、忘れられない思い出があります。

東京に来てからも、よくラグビーの試合を観に行っていましたが、ある日、早慶戦を観に秩父宮ラグビー場に行った時のこと。

赤黒のジャージーの早稲田と黄色と黒のタイガージャージーの慶応。伝統の一戦は大変な人気でした。その慶応フィフティーンの中心にいたのが、幼馴染の藤賢一でした。

輝いていましたね、彼はキャプテンでしたし。一方、子供の頃、一緒に遊びまわっていた私は、将来の見えないアルバイト生活――。

その時、「俺は何をやってるんだ」という不甲斐なさと同時に、「このままじゃいかん」という気持ちが強く湧き上がってきたのを今でも覚えています。

第二章

古さと新しさが同居する吉野家

吉野家は一から十まで松田さんが創った

はじめて口にした牛丼

　さまざまなアルバイトを掛け持ちしていた時、情報誌「アルバイトニュース」に載っていた吉野家のアルバイト募集の広告は、追い詰められていた私にはとても魅力的でした。そこに載っていたどこよりも格段に時給が良かったからです。

　2倍と言うと大げさかもしれませんが、他の募集と比べて格段に高かったのは事実です。

（これで、また音楽活動ができるかもしれない……）

　お金を貯めて再起を目指すのが当面の目的だった私は素直にそう思い、早速、応募しました。

　その時、吉野家のアルバイト募集を目にしなかったら、たぶん今の私はいませんね。「よど号ハイジャック事件」が起こった年ですから、1970年のことです。

「君は明日から、ここで働くんだ。君がこれからお客さんに出す牛丼がどんなものか、食べてみなさい」

吉野家新橋店にアルバイトに入った初日、店長に言われて牛丼というものを初めて口にしたのがこの時です。

（東京にはこんなうまいものがあるのか！）

今でこそ牛丼の味を知らない人はいないでしょうが、1970年当時の日本は牛肉は高価な食べ物でしたから、家庭で焼肉やスキヤキをやることはあっても、主役の肉は豚か鶏。まして牛丼など、食べたことのある人は少なかった。

私もその一人で、時給だけでなく、初体験だった牛丼の味に感動し、吉野家で働くことになったわけです。

吉野家新橋店、そこは戦場だった！

時給がいいということは、仕事もきついんだろうとある程度覚悟はしていましたが、吉野家新橋店はすごい職場でした。

同時に複数のお客様にお茶を出しながらの「いらっしゃいませ、ご注文は？」から始まって、店長が盛りつけた複数の異なるどんぶりを３つ４つ持ち、次々に提供していく。食べ終わったお客さんがお会計を済ませたら、食器を下げて洗い場に持っていく。

こう書けば普通の飲食店とさほど変わりませんが、吉野家の場合、注文を受けて出すまでが30秒以内で、往復する間に提供と回収とカウンターの上の清掃等、フル回転する。その間、満席状態で高速回転しますから、作業が錯綜《さくそう》します。

早い、うまい、安い――。

当時からこの３つは吉野家のポリシーでしたから、「ただいま注文が立てこんでおりますので、少々お待ち下さい」などという台詞はありません。感じとしてはまるで運動部。今と比べて人数の少なかったアルバイト店員たちもよく働いていましたね。

新橋店に入った時のアルバイト・リーダーは、最近まで北海道吉野家の経営執行役員だった当時大学生の寺島さんでしたが、思えば、当時アルバイトをしていた先輩たちは、のちに幹部になったメンバーで、動きの鈍い人など一人もいませんん。アルバイトとはいえ、そういう人が務まる職場ではなかった。ラグビーの試合のような戦場でした。

吉野家は、アルバイト店員に至るまで、よく働く優秀な人材を集めようとしていました。創業者の後を継ぎ、吉野家を株式会社にした初代社長、松田瑞穂さんは、これから大チェーンに育てるには、優秀な人材を多数生み出さなければ成長できない、という考えでしたから。

では、どうすれば良い素材の人材が集まるか。破格の賃金を払うことだ。ダントツに高い時給を設定していた理由はそこにあったわけですね。

そうやって集まった人材の中から、さらに優秀な者を選りすぐって鍛え、生産性を上げれば、会社の業績は自然に伸びていく。会社が伸びれば高い報酬を出せるからまた優秀な人材が集まる、という好循環を作り出せるように、企業は成長を続けなければならない。

こういうシンプルな考え方が、松田さんの経営の根幹にありました。

優秀な人材が確保できれば、同じ仕事をより少ない人数でこなすこともできます。私がアルバイトで入った新橋店は、通常なら5人の従業員で臨むところを2～3人でこなせるように仕組みを作っていました。

当時の吉野家は床がタイル貼りで、そこに水を撒《ま》いてありました。滑りやすくするためです。従業員は床の上を底の薄い長靴で滑るようにして動いていました。

高校まで運動部にいたせいでしょうか、私には、そんな運動部のような職場が妙に性に合っていました。

築地1号店秘話——「早い、うまい」はこうして生まれた

私がアルバイトに入った頃の吉野家は、松田さんが、これからどんどんチェーン展開を広げていこうと意気込んでいた時期でした。

すでにご存知の方もいらっしゃるかもしれませんが、ここで吉野家の歴史を簡単にご紹介しておきましょう。

吉野家は1899（明治32）年、日本橋の魚河岸に個人商店の食堂として誕生しました。主人は、松田瑞穂さんの父上、松田栄吉さん。

栄吉さん、大阪から上京し、料亭で修業した後に吉野家を創業されました。そして、1926（大正15）年、関東大震災後に魚河岸が日本橋から築地に移転した際に、店も引っ越しました。これが今に続く築地店です。

現在の吉野家は、この築地店を第1号店と呼んでいます。

築地の店は10坪もなく、20席ぐらいの小さな店でした。お客さんは、魚河岸に

働く人たちですから、営業時間は朝の5時から13時までで、テイクアウトもありません。

松田栄吉さんの吉野家は、今の吉野家からは想像もできないクローズドマーケットで生まれたのです。

昭和になると世は戦時下。1941（昭和16）年にアメリカとの太平洋戦争に突入すると次第に雲行きは怪しくなり、昭和20年の東京大空襲で、築地の市場も全焼しました。

そうしたなか、出征していた息子が旧満州から復員してきます。そして、この店を父親から任されたのが、松田瑞穂さん、吉野家の実質的な創業者でした。

この人は中央大学法学部出身で、吉野家を継ぐことがなければ検事か裁判官をやっていたような人ですから論理的で、緻密な計算をする人でした。日本橋で屋台然として生まれた吉野家は戦後復員した松田瑞穂によって、飲食店から企業へと生まれ変わるのです。

松田さんはまず、吉野家を事業化するために「年商1億円」という目標を立てます。

昭和20年代当時、市場が閉まる日曜・祭日は休みで、店が開いている日は年間300日程度、1日200人~300人の客数だったでしょうから売上げはせいぜい5~6万円程度、年商は1500~2000万円といったところです。

これを1億円にするのですから日商は30万円超、客数にすれば1000人超と、4~5倍に増やさなければなりません。

松田社長。当時の仕事着姿で

この時に生まれたのが「客数主義、来客頻度主義」。つまり、値段を上げて売り上げを増やすのではなく、お客さんの数を増やす。それには、リピーターの数を増やすと同時に、リピーターの来店頻度を増やすこと。これは、今でも吉野家の根幹のポリシーになっています。

ただ、客数を増やすと言っても、築地市場の場内にある築地店のお客さんに、いわゆるフリーの客などいません。河岸で働く水産会社の社員やセリ人、仲買人、仕入れ客、流通のトラック運転手といった決まったお客さんです。

つまり、マーケットのパイは決まっている。そういうなかで松田社長は、どうすればそれが可能かを必死で考えた。そして、常識を超える目標を掲げ、飽くなき超常識の努力を継続します。店は20席のまま、約10年かかって、とうとう年商1億円を実現してしまったのです。

その当時、私はまだ福岡の少年でしたが、1億円を達成したのは、1965（昭和40）年頃だったようです。

朝5時の開店と同時にお客様が殺到し、ピークタイムは立ち食い状態で、13時の閉店近くまで繁盛して1億円を達成します。わずか6～7分おきにお客様が入れ替わった計算になります。

どうやって松田さんは驚異の回転率を達成したのか。

メニューのスリム化でした。最初、彼が父親から店を譲り受けた時の牛丼には、

1960年代の築地1号店

築地1号店の活気溢れる店内（1970年）

牛肉のほかに糸こんにゃくとか長ねぎ、たけのこ、それに豆腐などが入っていました。

そこで、松田さんは考えたんですね。「いったい、お客様は何が食べたいんだろう?」と。答えが出ます。

「それは牛肉だ。それに加えるものがあるとすれば、玉ねぎだろう。なぜ、玉ねぎか。それは、玉ねぎの汁で甘みを出せるからだ」

牛肉と玉ねぎだけを残して、あとの具材はカットする。これで調理の手間が省け、その分早く牛丼を出すことができます。

しかし、それだけではまだ足りない。そこで考えたのが、尋常でない早さ。いや、「速さ」と書くべきかもしれません。とにかくお客さんが着席したら間髪を入れずに牛丼を出す感覚でないと1日1000食は達成できない、という発想です。

メニューは牛丼だけですから、大変ではあるけれども、次から次へと作り続ければ可能なようにも思えます。ところが、問題がありました。築地のお客さんは市場で働く食のプロですから、味にはそれぞれこだわりがあり、みんな「マイ・オーダー」を持っているわけです。

たとえば、タレをたっぷりかけた「つゆだく」や控え目にした「つゆ抜き」。また、肉だけ大盛りにした「アタマの大盛り」、脂身を抜いた「トロ抜き」など、今でも築地店だけに残るメニューをそれぞれ言うわけです。

となれば、即座に牛丼を出すには、常連客の顔とオーダーをセットで覚えておけば、注文を聞かなくとも「いつもの」を出すことで時間短縮できる。1日のお客さんが1000人、その人たちが2日に1回来店するとすれば、少なくとも2000人の顔とオーダーを記憶するわけですね。

築地のお客様は忙しい人たちですから、来店と同時に出てくる「いつもの」を立ったまま掻《か》き込んで、「釣りはいらない」と、お金を置いていく人がたくさんいました。

これが「早い、うまい」の誕生秘話。当時は築地という場所柄、まだ「安い」の必要はそれほどなかったわけです。

「年商2億円」から始まったチェーン展開

牛丼だけの単品で、「年商1億円」という目標を達成した松田さんは、次の目標が浮かんでこなかった。そんな頃、松田さんは、日本リテイリングセンターで行われていた「年商3億円突破のゼミナール」に参加し、渥美俊一先生に出会います。

渥美先生は、読売新聞社に入社、記者として商業欄を担当した折に、その時代に、当時画期的だったアメリカの「チェーンストア経営」を研究した。その過程でチェーンストア経営専門のコンサルティング機関、日本リテイリングセンターを設立、日本の流通界に「チェーンストア」という概念を広めた方です。

渥美先生の薫陶《くんとう》を受けた企業は、たくさんあります。イトーヨーカ堂、ジャスコ（現イオン）、西友（現ウォルマート）、ニトリ、しまむら、マツモトキヨシ、サイゼリア、すかいらーく……。一時期、会員は1000社を超えたと言われています。ダイエーの中内㓛さんも、渥美さんに私淑《ししゅく》していたそうです。

噂を聞いた松田さんは、この渥美先生の「年商3億円突破」ゼミナールに参加し、「吉野家をどうしたら年商2億、3億の店にできるか」を相談したんですね。すると、「1店で年商1億円。それを2億円にするなら、2店にすればいいじゃないか」と言われ、「あの時、震えるような感動があった。目から鱗が落ちた」と言っていました。今聞けば噴きだすほど滑稽な逸話ですが。

「お前ねえ、本当に真剣に仕事をやっているとね、どんどん深くなってゆく。でも、そうなると間口が狭くなって、視野狭窄《きょうさく》になっていきがちなんだ。だから、外部の客観的なアドバイザーやら相談者を持っていたほうがいいし、外側の世界も勉強したほうがいいんだ」

その時の経験から松田さんは、よくこう言っていました。

1店で1億円なら、2億円にするには2店にすればいい――。

渥美さんの一言で、「ああ、そうか。なぜそこに気がつかなかったんだ」というわけです。

同じ年、渥美先生主催のペガサス・セミナーのアメリカ研修にも参加した松田さんはこの時、「これからの時代はチェーン展開だと確信した」と、私に語ってくれたことがあります。

まだ、マクドナルドも日本に上陸していない時代、そうしたチェーン店を視察・研修するために、日本の経営者たちが団体でアメリカを回っていたんですね。そんな頃、松田さんはアメリカでコーヒーショップのチェーン店「ハワードジョンソン」の屋根の色を見て、「あの色がいい。あれを吉野家のシンボルカラーにしよう」と決め、以後、吉野家のシンボルカラーはオレンジ色に統一された。ちなみに、ロイヤル創業者の江頭《えがしら》さんも同じ理由でオレンジを採用されたと聞きました。

これが、私がアルバイトに入る数年前の話です。ですから、アルバイトに入った頃の吉野家は、チェーン店と言ってもまだ4店舗ほどしかなく、私が入った新橋店は、今のＳＬ広場にありました。

役職はすべてアメリカ流

シンボルカラーもアメリカ流なら、吉野家では役職名もアメリカ流でした。

たとえば、肉のバイヤーは「ミート・マーチャンダイザー」、店舗開発担当は「ロケーション・ディレクター」、店長は「ストア・マネージャー」。そして、人事教育部長の名刺には「エデュケーター」と書かれていました。

たしかに教育・研修も担当していましたからエデュケーターには違いないのですが、長靴に前掛け姿で牛丼を作っている吉野家にそういう人が居ること自体、ちょっと不思議な感じでしたね。アメリカ式のチェーンストアの経営理論をそっくりそのまま取り入れていましたから、それが当時は聞き慣れない横文字の役職名に表れていたわけです。

商売の見かけは牛丼を食べさせる「どんぶり屋」で、体育会系の職場でありながら、妙に先端をいくような新しさがある。そういう古さと新しさが入り混じった魅力が吉野家にはありました。

アルバイトの目的はお金を稼いでバンドを再開することでしたが、夢中で働いているうちに、いつしか私は、吉野家に急速に惹《ひ》かれていったのかもしれません。

店長代行

最初にやったのは厨房のなかの雑用です。鍋を洗ったり掃除をしたり、もちろん、どんぶりを洗ったり。忙しい時は1時間でどんぶり200杯は出ます。とろとろやっていたのでは、どんぶりが足りなくなりますから、とにかく体を動かしました。

カウンターやレジの様子などもちらちら見て、どんな作業があって流れはどうなっているかを気にしながら働いていましたね。1週間もすると少し暇な時間の接客もできるようになり、1カ月でピークタイムの接客、半年くらいで飯盛り、肉盛りもできるようになりました。

飯盛りと肉盛りは特殊技能を要しますから、すぐにはできません。

ご飯はどんぶりに2回に分けて盛ります。1回目で6、7分目までよそって、2回目に残りの3、4分目をよそいますが、圧力を加えずに、ふわっと真ん中を少し高く盛る。真ん中がへこんでいると、肉もタレも真ん中に偏って、周りにご飯が露出する。これだと肉が少なく見えますから。

10～15秒間に10杯くらい連続盛りするのですが、肉盛りは鍋の喫水線《きっすいせん》に浮かんでいる肉をお玉ですくい、ご飯の上に一発で盛りつけます。動作が遅いと、お玉の穴からタレが抜けすぎてしまいます。

吉野家のお玉の穴の大きさと47個という穴の数は決まっていて、今もそれは変わりません。

牛丼を一発で盛りつけたとき、ご飯に対してタレの量が最適なバランスになるようにしてきたお玉です。このお玉を使って、ある一定のリズムで盛りつけたとき、一定のタレの量になるように定められています。

ですから、肉を盛るための立ち位置も決まっており、すくって素早く盛るリズムを作り、すぐに他の動作にも移れる体の動きをつくります。

店長になると、全店の店長がトーナメント制で競う実技コンクールがあります。月初に地方予選があり、年末に全国の優勝者たちが集い、グランドチャンピオン大会。このチャンピオンの金バッチは今も本社に年代ごとに飾ってありますが、特別な権威を放っています。

洗い場から入って接客、盛りつけと、やけに早いじゃないかと思うかもしれませんが、徒弟制度ではない近代経営としての合理性と開放感で、アルバイトでもスピーディーにランクアップ、ステップアップする仕組みがありました。

厨房の仕事を一人ですべてやることもあります。どんぶりを洗い、お湯でサッと切って、牛丼を盛りつけながら客席にも目を配る。リズムが狂うとすぐに流れが滞るので、気が抜けません。

とにかく必要な技術はすべて身につけようとやっているうちに、気がつけば、「店長代行」として、店長が留守の間の店を任されるようになりました。

店長になると社内外のセミナーや会議等、店での業務以外のことで割かれる機会も多く、そうしたときは、近隣の店同士でやり繰りする仕組みがすでに始まっていました。

松田さんは、チェーンストアのための組織論や経営論に至るまで、経営陣が受けるようなセミナーを店長レベルにも受けさせていました。ですから、会場で著名な経営者を間近に見たり、食事会場で席を共にする偶然にも恵まれたりしました。

ちなみにそうしたセミナーの受講料は、店長の月給が5～6万円の頃に10万円以上もするものでした。もちろんそれも仕事ですから、受講料だけでなく、その間の給料も出ます。儲かったお金はどんどん人に投資して優秀な人材を育てるのが松田流でしたから。

その間、アルバイトの私が店長代行をこなすわけですが、こうなれば自分一人でも店を開けられるし、誰が休んでも代わりに仕事をこなせます。そのうち私は、応援店長代行として他店の店員を指導するようにもなっていました。

アルバイトを社員にする仕組み

そんなある日、店長から声がかかりました。

「お前、明後日の2時から本社で適性検査があるから、受けてこい！」

ほとんど命令ですが、これにも時給がつきますから、「はい、わかりました」と、私は適性検査なるものを受けることにしました。

これが吉野家の入社試験だったわけです。高い時給でアルバイトを募集し、高い競争倍率から見込みのありそうな数人を選び出し、アルバイト店員に採用する。そして、さらにポテンシャルの高そうな者だけにこの適性検査を受けさせ、さらに絞り込んだ者だけをどんどん社員にする。松田さんが吉野家チェーン拡大のためにとった社員獲得のための採用方式はこういうやり方でした。

当時の飲食業は「水商売」と蔑《さげす》まれ、優秀な大卒が就職先の対象にする業界ではなかった。したがって、他に目的を持ったアルバイトにポテンシャルの高い素材がいるだろう、教育は社員となってから会社でやればいいという考え方でした。そうやってどんどん採用した人材を社内・社外セミナーを通して育て、高い生産性の下で稼いだ収益をまた人材に再投資することで、成長する。松田さんは、これを徹底してやったのです。

しかも、その人材供給システムを外部に頼るのではなく、独自に自社開発したのがユニークでした。私もそうした不思議な吉野家の仕組みのなかで、エデュケーターに言われるまま、適性検査を受けることになったわけです。

吉野家式入社試験

吉野家の適性検査には、目的が二つありました。

一つは、数字に強いかどうか。いわば論理性を持っているかどうかを判別するテストです。

並んでいる数字のあちこちが空欄になっていて、並び方の法則を読み取って数字を入れる（数列）、四角い積み木がいくつも重なっている絵の見えない部分がどうなっているかを当てる（図形）。そういうテストです。

あれでＩＱの程度がわかると、あとで教えてもらいましたが、そんな問題がとにかく大量に並んでいるので、わからない問題はどんどん飛ばしていかないと間に合いません。とにかくわかるところから埋めていく。

もう一つは、受験者の性格がわかるテストです。マネージャー向きかタレント向きか、つまりは指導者向きか、あるいは一人でやらせたほうがいいか、そんなことがわかるテストだそうです。

このテストの成績で受験者はＡからＨまでランク分けされ、さらに上位のＡとＢはそれぞれ上・中・下といった具合に3段階に分けられていたようです。

合格はＡかＢの人だけで、特Ａの人は、飛び抜けてＩＱが高いわけですが、よく知っている人で特Ａだった人がいます。東工大の当時最先端のコンピューター科を出た人で、入社後はコンピューターシステムのマネージャーでした。

各自の成績は発表されません。松田社長とエデュケーターだけが知っていることとでした。私も自分の成績を知りません。

「うちで社員として働かねぇか」

エデュケーターから声がかかりました。

一般の入社試験のように、「うちの社をなぜ受けようと思ったのですか？」などという面接試験はありません。半ば強引に受けさせられる適性検査に合格すれば、エデュケーターからスカウトされるわけです。

それも「ちょっと、飯食わない？」という感じで連れ出され、これから外食産業がいかに盛んになるかを訴えられ、入社を勧められました。「よかったら、これ読んでおいてもらうと、わかるから」と、先にふれた渥美俊一さんの著書も渡されたのを覚えています。

その時、ふと、故郷のことを考えました。ここは会社経営のさまざまなノウハウを学べる。将来、故郷に戻ってじいちゃんの事業を再開する時に、何か役立つかもしれない……。

ただ、そうは思っても「飲食かぁ」という感じはあったのですが、バイトを1

年やったと言うと、「社員で半年やったらボーナス出るぞ」の殺し文句に落とされ、腰掛け気分で「はい、よろしくお願いします」と、エデュケーターと握手してしまいました。（笑）

吉野家の社員になったのは1972年2月、22歳の時でした。

この頃、社会を震撼させた「あさま山荘事件」が起き、一方では、いわゆる団塊世代が大量に社会人として世に放たれ、日本の高度経済成長が極まり、マクドナルドの上陸を象徴として外食の産業化が興《おこ》り、一つの時代の始まりでもありました。

22歳で店長、27歳で地区本部長に

正社員になった私は、まず創業店・築地での基礎教育を受けましたが、さすがに特殊な築地店ではそれまでの技術は生かせず、河岸独特の江戸前気質の厳しい客層の要求と、松田の魂が滲み込んだ築地流に応えられず、多くの労苦と学びに

満ちた半年間でした。ここで吉野家の原点を刷り込まれた気がします。

築地店での実習を経て、半年後には新宿区役所通りの脇の路地にあった最も売上げの低い新宿東店の店長に任命されました。一番の大型店だった新橋店で揉まれ、さらに伝説の築地店で鍛えられてはいましたが、最少客数売上店の店長は、全く新たな努力を求められました。ほっといても群がって来られるのが当然と思っていたお客様が来ない。来ていただく努力をしなければお客様は来ないのだという当たり前のことを、身をもって知ったことは大きかったと思います。

一方ではその頃、私も店長として、前述した渥美先生のセミナーによく行かされました。組織論、商品開発、ストア・マネージメントなど、チェーンストアにとって大事な問題を徹底的に勉強させられましたね。

新宿東店の店長を半年務めたあとは、いくつかのタイプの店長を経て、いよいよ一番店だった新橋店の店長に抜擢されました。あらゆる種類の店長を経験して、つくづく無駄なことは何一つなく、それぞれの経験の尊さを今にして実感します。

当時の吉野家の店舗内には明確なヒエラルキーが存在していて、それが鉢巻の色で表現されていました。アルバイトは白い鉢巻、その上の店長代行クラスは黄色の鉢巻、店長はブルー。そして、同じ店長でも築地店と新橋店の店長だけは、赤い鉢巻です。

築地店と新橋店という吉野家1号店、2号店の店長を務めることは、もちろん栄誉です。当時、この赤い鉢巻を締めた者だけが、給料自体は10万円ももらっていない時代に、大型店長職としての及第点をとると、夏冬に100万円のボーナスが出ましたから。

幸いこの栄誉に預かった私は、当時流行っていたチリチリパーマ頭の上に赤い鉢巻を締め、私が出かけなければならない時は、8人いた社員のフロア・マネージャーから指名した者に赤い鉢巻を渡していました。

優秀な人材を選りすぐり、多額の給料を払った上にセミナーに参加させ、勉強させる。これを偽りなく実行していた吉野家に優秀な人材が次々と輩出されたのは、ある意味当然のことだったと思います。人材確保は順調にできつつあると、松田社長は踏んだのでしょう。機を待っていたかのように、その頃から急速な全

店長を務めた頃の吉野家新橋店。当時は店長の写真を店に掲げてあった（右上の額の写真に写っているのが当時の著者）

1975年当時の吉野家新橋店の外観

国チェーン展開が始まりました。

私が入社した年はたった5～6店です。それが入社4年目の1976年には50店を超え、翌77年には100店、78年には200店となり、同時に先駆けての海外、しかも本場のアメリカ進出を開始した吉野家は「外食産業の旗手」と称され、破竹の勢いで驀進《ばくしん》していきました。

この5年くらいが最もエネルギッシュな吉野家の青春真っ盛りの時代でした。熱にやらされ感など全くなく、仕事が面白くて仕方ないという状況でしたから、浮かされたように仕事に没頭し、自分の成長が実感できる時代でした。

松田社長は、この猛スピードの成長の時代をどうやってやり切ったか。

全国をエリア分けしての吉野家の拠点づくりが、新店長の教育と同時に始まりました。

1976年の大阪地区本部に続いて、翌年には九州、名古屋、78年には広島、79年には仙台と地区本部が次々に立ち上がります。

九州地区本部の立ち上げに際し、私は地区本部長を任せて欲しいと松田社長に直訴しました。九州は故郷ですから、ある程度の土地勘もある。現地調査をし、どこに出店するかを示すデータとマップ、今後の事業計画、損益計算書など、今日の新事業企画等から見れば稚拙なものだったとは思いますが、自分なりに作った計画書を手に松田社長に「九州地区の新たな展開をやらせてください」と訴えました。

それが通ったんですね。当時の私は広範な業務をほとんど経験していませんから、九州を任せたい人は他にいたと思いますが、私の意欲を買ってくれた。そんな危険な決断でも即座にするのが松田さんでした。チャンスを与え、どう取り組み、成果を上げられるか観察する、責任は自分がとればいいというオーナー社長の凄みです。

こうして私は、初代・九州地区本部長をやらせてもらうことになりました。当時27歳。入社して6年目のことですが、自らの人事希望を申し出たのは、後にも先にもこの時だけでしたね。

物件探し・交渉の貴重な経験

こうやって自分のことを中心に書いていくと、私だけがいかにもスピード出世をしたように思われるかもしれませんが、当時、松田さんから全国各地区を任された本部長たちは、みんな私とさほど変わらない同じようなキャリアと年代の若手社員でした。各店長やエリアごとにそれを統括する地区本部長も押しなべて若く、40代、50代のベテランはほとんどいませんでしたね。

その代わり松田さんは、若い本部長のそばに必ず一人、防衛庁（現・防衛省）のOB、つまりは元自衛官にして地元で人望のある人を「オフィス・マネージャー」として配置しました。

言わば、お目付け役です。なぜ自衛隊OBなのかと言うと、自衛隊出身者は規則に極めて厳格だからだそうです。こういう人がいれば、若い本部長が思いつきで勝手なことをやろうとしても、それが吉野家のルールから外れたものであれば、きちんと諫《いさ》め役を担ってくれると考えたようです。

もう一つは、自衛隊ＯＢには信用と人脈があるということ。地区本部長は皆20代から30代半ばくらいですから、世間的には若造で信用が足りません。ところが、地元の元自衛官とくれば、地元にかなりの人脈があり、信用も大きい。当時東京以外では知名度のなかった吉野家の信用を補完し、若い本部長を補佐するにはもってこいだと、松田さんは考えたようです。

私についてくれたのは、福岡の修猷館《しゅうゆうかん》高校から水産大学を出た、今泉さんという海上自衛隊ＯＢの方でした。当時、55歳ぐらいだったでしょうか。修猷館高校と言えば、江戸時代には黒田藩の藩校だった伝統校で、その出身だった今泉さんはかなりの人脈を持っていらっしゃって、随分助けていただきました。

まず、博多駅のすぐ隣にあった三井ビルにオフィスを借りてくれました。由緒ある三井ビルに入れたのは、牛肉の取引で三井物産と取引があったからですが、少々無理してそこに事務所を構えたのも、やはり信用を得るためでした。

最初は、福岡で商売をする上で必要な挨拶まわりです。今泉さんの人脈をたどり、地元の有力者への挨拶まわりが1週間くらい続いたでしょうか。それから、本格的な仕事が始まりました。

まずは物件探しですが、不動産屋さん詣では元よりですが、最初は自分の足で探しましたね。めぼしを付けた物件の立地条件をよく検討し、行けるとなれば家主に「ここを吉野家に貸してもらえませんか」と、直接交渉です。

当時、九州に吉野家は1店もありませんから、交渉に言っても「何売っとうとや?」などと、よく言われたものです。部下は大先輩の今泉さんだけですから、何でも二人で相談し、その上で自分で行動し、自分で決める。大変ですが、貴重な経験でした。

白紙の状態から賃貸交渉もしていくわけですが、いくつかの物件を当たっているうちに、西中洲《なかす》の物件に行き当たりました。

ただ、店舗だけではだめで、牛丼の材料を保管し、供給する物流倉庫も必要です。当時は、牛肉は冷凍のスライス肉を東京から発送していましたから、それを2週間ほど保管しておく大型冷凍庫と解凍保存のための同容積の冷蔵庫が必要でした。

さらに、お新香は、毎日入荷する白菜を漬け込み、塩、こしょう、わかめ、さらには米麹まで調達して現地で作らなければならないので、そのための機能や道具も必要です。

幸い、競艇場の近くに使われていない大きな倉庫が見つかったので、そこを改造して店舗に倉庫、さらには工場まで造ろうと決めました。

競艇場が近くにあるということは、開催日にはたくさんの人が来るということ。店としても良い立地条件です。九州全体の輸送拠点にもできる二つとない絶好の物件と決断しました。

いったん倉庫として賃貸契約を交わした後、さまざまな用途のイメージが広がり、その件を賃貸人と地道な交渉を続け、用途やその分の家賃も微妙にアジャストしたら、交渉成立に向け折衝し、成立させていく時の息詰まる緊張と成立の喜び。このダイナミズムを経験したことが大きな財産となり、自信となりました。

地区本部長の仕事は、一店一店の事業計画作りや損益計算のシミュレーション、さらには、人材の確保と教育などいろいろありますが、まず物件が確保できなければ始まりませんから、これを一からやらせてもらったのは間違いなく貴重な経験でした。

倉庫の2階で雑魚寝、風呂は水風呂

開店の日途が立てば、アルバイトを募集します。ただ、即戦力とはいきませんから、東京から店を任せられるセンター長と、経験者に4、5人来てもらい、福岡で雇ったアルバイトの特訓をしてもらおうと考えました。

しかし、当時の東京と福岡の距離感ですから、いくら仕事とは言え、そう簡単に飛んできてはくれません。

「大広間でゆったりと寝られる宿泊施設で、大風呂完備！」

思いついたのは、彼らを呼び寄せるための誘い文句でした。

福岡にやってきた彼らは唖然《あぜん》としていましたね。何しろ、ゆったりとした大広間というのは工場の2階、そこで貸布団での雑魚寝ですから。

大風呂と言ったのは、まだ当分使う当てのないプラスチックの大きな樽です。しかも中身はお湯ではなく、ホースから出る水。つまり、大きな樽にためた水風呂ですが、「大風呂完備」に違いありません。(笑)

「どうぞ、好きなように使ってくれ。オープニングで毎日、ゆっくり眠る時間もないほど忙しいし、水風呂はいつでも入れるから」

これも経費節約のため。全員のためにビジネスホテルを用意したら、大変な経費になります。その分、時々は酒をご馳走して我慢してもらいました。

2店目の開業まで、彼らはよく頑張ってくれました。その時やってきたセンター長とは、「あの時は、ずいぶん乱暴な扱いだったな」と、今でもこの話で盛り上がります。

こんなこともありました。

ある店の開店セールで、本部長の私が自らキャップを被り、法被《はっぴ》を着て、テイクアウト用の牛丼のワゴンセールをやっていた時のことです。

「責任者の方はいらっしゃいますか。ちょっとお会いしたいんですが」

私に問いかける方がいました。

「ご用件は？」

「あんたじゃ話にならないよ」

「少しお待ち下さい。ただいま参ります」

そう言って私は店の控室でスーツ姿に着替え、髪をなでつけ、ちょっとだけ胸を張って出ていきました。

「お待たせいたしました。私が本部長の安部ですが……」

名刺を差し出すと。

「あっ、本部長ですか。私、○○不動産の××と申します。このたびは、どうも。すみません、お忙しいところ……」

と、その不動産屋さん、店頭で声を枯らして弁当を売っていたのが私だったと最後まで気づきませんでした。当時の私は若すぎて、どう見ても責任者には見えなかったわけです。

そんなドタバタの日々でしたが、どうにか2年半ほどの間に、博多に10軒、小倉に2軒、熊本に3軒と九州地区に15店舗を作ることができました。

地区本部長ですから当然の仕事ですが、まだ20代の私が、人、金、モノを動かしながら、担当地区の市場開拓という吉野家の経営の一部を担うことができたのは、考えたら大変なことです。よく私に任せてくれたなと思いますが、地区本部長としてのこの経験こそが、その後の社長業の原点になった経験でした。

九州地区本部長時代にやったことが全部成功したわけではなく、たくさん失敗もしました。ただ、振り返ってみれば、若いうちに成功も失敗も自己完結で経験できたことが、何よりの経験でした。頼る人がいませんから、自分の失敗は自分で処理して始末をつける。そして失敗を次に生かす。格好よく言えば、こういう経験を経て、少しずつ私も自立できたんだと思いますね。

地区本部長時代、一番うれしかったのは松田社長の視察です。月にわずか2日間でしたが、いろんな話を聞かせてもらうチャンスがありました。東京ではマンツーマンで社長とコミュニケーションできる機会などありませんから、これは貴

200店舗突破の祝賀パーティ（1978年6月）

重な時間でした。

アメリカ200店舗構想

私が九州地区本部長だった1978年6月30日、ホテル・オークラで「吉野家200店突破祝賀会――今こそ翔立つ、世界へ向けて」が開かれました。

その1年前には「100店突破」を果たし、松田社長は「来年の6月までに200店に増やす」と宣言します。その達成記念パーティでした。その夜の挨拶で松田さんがぶち上げたのが、「アメリカ200店舗構想」です。

アメリカのチェーンストアを手本に社内の役職もすべて横文字にしたほど、松田さんの経営はアメリカ流でしたから、いつかアメリカで吉野家のチェーン展開をしたいという思いがあったのでしょう。

それに、吉野家の牛肉はすべてアメリカからの輸入で、調達拠点はコロラド州のデンバーにありましたから、高い関税と量の制限に阻まれた日本よりアメリカに店舗を作ったほうがはるかに効率がいいというメリットもありました。

ただ、200店舗のためのリーダーがいません。マネジメントは、吉野家の幹部社員が担わなければならない。すでに吉野家はデンバーに進出していましたが、当時はまだ数店ほどですから。

そこで急遽、副社長と地区本部長3名が松田社長に指名され、アメリカに語学留学を命じられます。そのなかの一人に、この私が入っていました。言わば、米国200店舗構想実現のための現地新会社構想です。

初めに渡ったのは、大阪本部長がロサンゼルスに。次いで副社長は牛肉の調達拠点だったデンバーのデンバー大学に、私はイリノイ州の南イリノイ大学に、あとはテキサスの大学への語学留学が決まりました。副社長以外の３人はまだ20代でした。

突然の帰国命令

１９７９年、私が渡米したのは29歳の夏です。イリノイ州の大都市はシカゴですが、私が住むことになったカーボンデールは人口わずか２万人の田舎町で、ここで英語を学ぶのが私の仕事でした。

アメリカ進出の第一歩だったロサンゼルス1号店。右から松田社長、ロサンゼルス市長、フランキー堺氏(1979年)

アメリカの学園生活はこの上なく快適でしたが、困ったのは、アメリカでの学費と生活費は会社持ちながら、留学中は給料が一切出なかったことです。会社から派遣されているのに、１年間は無給。すでに結婚していて３人の子も産まれたばかりでしたから、困ったのはうちの奥さんです。最初の数カ月は貯金を切り崩

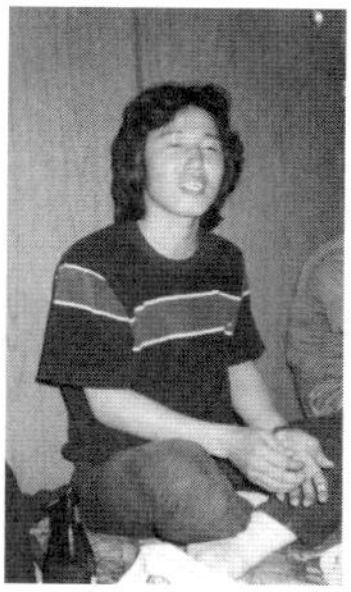
アメリカ留学時代

3人の子供たちと

交際中の妻、かよこと

して何とか凌いでいたようですが、しばらくすると、彼女は、吉野家の本部でアルバイトを始めましたね。(笑)

1年間、大学で英語を学び、その後は、シカゴ・エリアのゼネラル・マネージャーとして吉野家の店舗を次々と開店し、他の3人と合わせ、アメリカ本土で吉野家200店舗のチェーンストア化を実現する計画になっていました。

実際、アメリカ吉野家は1975年、デンバーにアメリカ1号店を誕生させると、私が渡米した頃にはロサンゼルスに拠点を移し、曲がりなりにも店舗を増やしていっている最中でした。

私は2カ月おきにある10日間の休みを利用してデンバーやロスに行き、店を手伝い、シカゴで仕事を始める日を待っていました。ところが、アメリカに渡って9カ月後の1980年4月、私たち留学生4人に下ったのは、経営リストラにより「至急、日本に帰国せよ」との命令でした。

何となく日本の様子が怪しいのには気づいていましたが、ついこの間、松田さんが「アメリカ200店舗出店計画」をぶち上げたばかりですから、経営不安と聞いても、なぜそこまで急に経営が悪化したのか、よくはわかりませんでした。

そして、私が日本に戻ってわずか3カ月後、吉野家は倒産してしまいます。「吉野家200店突破パーティ」からわずか2年後、私は30歳になったばかりでした。

創業者・松田瑞穂の言葉

吉野家の事実上の創業者である松田瑞穂さんは、私たちに何かを伝えたい時、言葉を尽くすのではなく、ズバッと一言、格言のような言葉を吐く人でした。

深みがあり、すぐには理解できないこともありましたが、その意味をじっくり考え、他の人に説明することで、私自身の発想や思考、そしてコミュニケーション力が鍛えられた面が多分にあります。そのいくつかは本書の本文中にも出てきますので、ここでは重複を避け、紹介いたします。

「レーサーは時速200キロを超えると、カーブを曲がるときに逆ハンドルになる。会社も200店を超えたら、逆の方法に変わる」

車が高速で右に曲がる時に、後ろタイヤが左に流れるのを立て直すために、ハンドルを右ではなく左に切る必要が生じる。これが逆ハンドルですが、松田さんはこういうことを経営のたとえ話に使うわけです。

会社の規模が一定の範囲を超えると、小規模でやっていた時の方法論が通じなくなる。チェーンストア化し、店を急速に増やしていった時にそれを感じたのだと思いますが、松田流に表現するとこうなるのですから、人を唸《うな》らせるものがありました。

「高い奴は安い、安い奴は高い」

松田さんは、その人がいることで成果が上がれば、すぐに昇給やボーナスに反映させていました。すると、どんどん報酬の上がる人が出ますが、こういう人の報酬は働きに対してはむしろ安い。逆に、報酬が低いままの人は、成果の出ない人ですから、「安いけれど高い」となるわけです。

優秀な人材を集めて育てれば会社は伸びる。優秀な人材を集めるために、成長し続けなければならない、というのが松田さんの考えで、これはと思った人材を育てることには投資を惜しみませんでした。ですから、なかなか伸びてこない人がいると、もどかしい思いがあったのだと思います。

「仕事が足りないんだ」

松田さんは言い訳や他人の悪口を聞かない人でした。本気で仕事に打ち込んでいれば、やるべきことはいくらでも出てくるから、自分のことで精一杯になり、他のことに関心がいくはずがない。言い訳が出てくるのは、仕事が足りないからだというわけです。

明解な目標があって、そこに向かって没頭していれば、余計なことに関心を払っている余裕などなくなるという考えでした。

と言って松田さんは、人を無理やり働かせたわけではなく、「ついてくる奴だけが、ついてくればいい」という考えの人でした。働かされているのではなく、仕事が面白くて寝食を忘れて仕事に打ち込む、仕事の苦労を苦労と思わない人がたくさんいる企業でなければ、成長はないと考えていたのだと思います。

ロサンゼルスでのパーティにて松田社長と（1978年）

そうやって、がむしゃらに成長を追いかけたのには、おそらく、松田さんの戦争体験があったのではないかと、私は感じていました。

太平洋戦争時に過酷な戦場に赴《おもむ》き、たくさんの若い部下を亡くした経験から、一人でも多くの若者を育てることへの使命感が松田さんを突き動かしていた。とすると、あの常識を超えたスピードと規模を伴う目標観で突き進んでいったことが理解できるような気がするのです。

「500人の利口な人たちを、50人のバカがマネジメントする。それをコントロールするのは、5人のクレイジーな人」

成長していく組織はどうなっているかを、松田流に表現するとこのようになるという言葉です。

言われたことをきちんと理解し、こなせる常識的な人たちが大勢いなければ組織は成り立たないが、それだけでは組織は動かない。利口な人たちを上手に使いこなす人間はバカにならないとできない。そしてその上に、全体をコントロールし、組織の推進力を強力に生み出す、ある種、狂気の少数が必要になる。

立場が上になればなるほど、尋常でないエネルギーと求心力で、現場を引っ張っていかなければ組織は成長しないということを、松田さんはこのように言ったわけです。

「店の支持率はお客様の数で事実確認できる」

大勢のお客様がリピーターとなって、繰り返し足を運んでいただくことで吉野家は支えられてきました。お客様の数が増えるということは、それだけ吉野家の商品サービスに満足していただいている方が増えたということですから、これ以上わかりやすい指針はありません。

これが松田さんが掲げた「客数主義」であり、それはお客様の来店頻度によって決まるということです。

「組織の中で口にしてよいのは希望である。批判ではない」

ともすると人は、組織への不満や批判を口にしがちだが、それでは組織は良くならない。不満があるのなら、どうしたら組織が良い方向へ向かっていくかを考え、意見し、議論することが大切であるということ。

とくに状況が悪い時の否定論は同調しやすく、リーダーが組織への批判を口にしていたら、それが蔓延してしまう。松田さんは組織がダメになる時は、そういうことが起こり、組織が内側から崩壊していくのだということがわかっていたので、とくに戒めていました。

「自分でなければ使えないような部下を育成してはならない」

部下を「自分流」に染めてしまい、便利な道具に使うことを戒めた言葉。とくに個性的な上司は自分流を確立して、それを部下に仕込もうとするが、それでは、上司が変わったり、配属が変わったりした時、その部下が困ることになる。

どこに行っても（他社に行っても）通用するような、部下を育てるということであり、それが組織を強くすることにつながっていきます。

第三章

革命前夜

吉野家三大事件①——倒産・再建の舞台裏

経営危機の理由

アメリカから呼び戻された当時はわからなかった経営危機について、あとでよく考えてみると、理由ははっきりしていました。

急速な店舗拡大の陰で吉野家に起こっていた「肉の品質低下」と「価格の値上げ」、そして「過剰出店による赤字店の増加」です。

国内100店舗を達成した後も松田さんは、そこでひと息つくこともなく、毎年倍増の拡大を続けながら、米国での店舗展開も開始しました。その結果、例えば、牛肉事情で言うと、もともと日本がアメリカから輸入できる牛肉の量は日米間の条約で決まっていて、限界があります。それを度外視して店舗を増やせば、日本国内で米国産牛肉を必要とする需要家（商社やメーカー）との奪い合いが生じ、それまで安定していた輸入牛肉の需給バランスが崩れる。その結果、品薄により米国産牛肉の価格が高騰する事態が起こってしまったわけです。

価格の高騰によって米国産牛肉が思うように手に入らなくなったため、松田さんは窮余《きゅうよ》の策として、値上げによる使用量の減少と一部にフリーズドライ肉を使うことを選択していました。

フリーズドライ肉とは、当時吉野家で研究中だった、いわば乾燥冷凍肉という加工肉です。これは輸入制限外でしたから、アメリカからいったん台湾に送り、台湾の工場で加工して仕入れる方式をとりました。それまでの吉野家の肉とは味が明らかに違いますから、研究を重ねている最中だったわけです。

苦し紛れとはいえ、この肉を使ってしまったのは無謀でした。肉の鮮度や味が落ちてしまうことは、お客様の期待を裏切ることになるからです。

しかも、松田さんは牛丼の価格を並盛３００円から３５０円に値上げしてしまった。加工肉で味が落ちているところへの値上げ。ここにさらに、急に店舗を増やしたことによる、店長のスキル低下が加わります。

さらに、別の問題も浮かんできました。フランチャイズ（FC）店の問題です。当時の吉野家のFC制は特殊で、開店準備から材料の供給、店長も従業員もすべて吉野家側が賄う代わりに、ロイヤリティとして売上げの3％と食材から箸までを一括供給することで生まれるマージンをいただくシステムでした。

この仕組み、好調時はいいのですが、赤字店が増えると人件費から原材料費まで立て替え払いしているFC店からの支払いが滞り、一気に資金繰りが悪化します。この負担が重くのしかかってきていました。

もともと、吉野家には不動産などの財産はありません。キャッシュフローに頼る財務でしたから、経営が傾くのは当然のことでした。

あとで考えれば、私たちがアメリカに派遣されている間に、急成長の影に隠れていた吉野家の「人、金、モノ」に関する矛盾が、この1年に集中して表面化したと言えるかもしれません。

アメリカでも店がどんどん増えていましたが、これと正比例して吉野家の赤字と資金需要は増えていました。独自の経営哲学と先見的な目を持って吉野家を発展させてきた松田さんが、なぜ、そんな失敗を犯してしまったのか。

実はここに至る数年前から、吉野家の金融状況に大きな変化があったようです。外食大手の株式上場が始まり、吉野家の急成長が世間で注目を浴びるようになると、それまで相手にもしてくれなかった大手銀行が、お金を借りてほしいと次々にやって来たわけですね。

こうなると状況は一変します。1店舗増やすのにも信用金庫に頭を下げ融資を受けていたのが、一気に多額の融資を受けられるようになった。それが松田社長を急激な店舗数拡大、そして国内の肉の制約がアメリカ進出へと向かわせたのかもしれません。

松田社長が消えた

1980年4月、帰国した私が一番驚いたのは、社内の空気でした。あれだけ仕事に飛び回っていた仲間たちが、まったく働いていなかったのです。

社内には重たい空気が漂っていました。先頭に立って号令をかけていた松田社長の存在がどこかへ消えてしまっていたからです。

いつの間にか吉野家の経営権は松田社長ではなく、本社に新設された「経営企画室」というところが握り、松田さんは半ば謹慎状態にありました。

社内に充満した重たい空気の理由はこれでした。なぜ、松田さんは吉野家の経営権を奪われてしまったのか、その時点ではわかりません。ただ、吉野家＝松田瑞穂だと思っていた私には、なぜそうなったのかをどうしても知る必要がありました。

帰国後、私は東京地区の第二営業部長に配属されていましたが、日に日に経緯はわかってきました。

牛丼の値上げを決めた1979年12月、先のような事情から資金繰りに苦しんだ松田社長は、大株主であり、フランチャイジー（資金や不動産などを投資し、店を吉野家にやらせる人または会社）でもあった盟友の大株主に緊急融資を頼みました。

実は、この大株主こそが吉野家の筆頭株主で、松田社長は筆頭株主ではなかった。そこには、こういう経緯があったようです。

松田瑞穂さんは父親の松田栄吉さんから吉野家を預かり、その後、株式会社化します。この時、松田さんは資金がないものだから、戦友であった不動産会社の社長に相談した。

その社長は東京の繁華街に土地を持っていて、保有する不動産を吉野家に賃貸する形で合意し、松田さんはそのおかげでチェーン化に踏み出すことができたわけです。

つまり、築地の吉野家1号店は栄吉さんが作って瑞穂さんが受け継いだ店ですが、2号店は松田さん所有の店ではなかった。新橋に2号店を作る時、松田さんとその不動産会社で別会社「吉野家本部」を立ち上げ、松田さんは不動産を借り、出資も受けて新橋店をつくった。

わかりやすく言えば松田さんは、大株主から「出資と引き換えに場所は提供する」という了解を得て、新橋駅前の大型店が誕生したわけです。

新橋店は、私がアルバイトで入って店長も務めた店ですが、松田さんはその店の純粋なオーナーではなかったということです。

しかも、その大株主は後に、吉野家のＦＣ店を25店舗所有する最大のフランチャイジーですから、緊急融資をする際、松田さんに担保を要求した。

しかし、儲けたお金はほとんど人材育成をはじめ再生産へ投資し、当時の飲食業では考えられないことですが、まったく節税をすることもなく、きれいに税金を支払っていた松田さんに、まともな担保などありません。すでに自宅も金融機関の抵当権が設定されていました。

そこで松田さんは最後の手段として、吉野家の商標権と優良直営店を担保に差し出したうえ、さらに「当面の経営改善をすべて任せる」という約束と引き換えに、その会社から融資を受けた。

こうなれば、そこが吉野家に乗り込んで来るのは自明の理です。１９８０年春、「経営企画室」なるものに、進駐軍が送り込まれてきます。そして、「アメリカなんかに行ってる場合か！　経費の無駄だ」とばかりに、私たちに帰国命令が出た。

こういうことだったわけです。

「嵐が静まるのを待て」

吉野家を創業し、ここまで成長させた松田社長は、もはや名前だけの存在。先に帰国した熱血漢の副社長は責任を追及されすでに退職し、私たちから地区本部長を継いだ自衛隊OBの方々も肩叩きに遭い、退職の憂き目を見ていました。本部の経営は、大株主の出向部隊で、私たち松田子飼いの社員たちは左遷。しかも経営企画室は、吉野家をいったん倒産させようと画策しているらしい。そして松田派を一掃し、商標権とFC店を武器に新たな組織で吉野家を再建する……。

そんな話が伝わってきた時、私たちは完全に開き直りました。

「言われる前に、こっちから先に辞めてやらあ！」

みんな若かったですから、あんたたちの思い通りにはならんぞ、というわけです。そんな私たちの怒りはいつの間にか、松田さんの耳に入っていたのでしょう。

ある夜、アメリカからの帰国組が松田さんの自宅に呼ばれました。

実は、私たちは帰国後、松田さんと一度も会えていませんでした。経営執行からいったん身を引いた松田さんのほうが避けていたようです。もし松田さんが動けば、すぐに進駐軍の出向部隊に察知されます。それは、松田さんにとっても私たちにとっても、今はマイナスだと判断していたのでしょう。

しかし、私たちが不穏な感情を抱いていることを察知した松田さんは、あえて私たちに接触してきました。

久しぶりの会食の席で、松田さんは私たちにこう言いました。

「いいか、今は混乱の嵐のなかだ。俺だってまだ自分では何も手を出していない。ただ、相手のやることを見ているだけだ。そんななかで、辞めるなんて言い出すんじゃないぞ」

7月に入ると本部には金融機関は張り付いているし、FC店のオーナーたちも、支払いの遅れている取引先、それにマスコミまでもが毎日、押し寄せていました。

松田シンパの私たちは、6月の大規模組織改革で露骨な左遷を受け、私は有楽町店店長に、ほかの二人も小さな店の店長に飛ばされました。3段階の降格です。

「わかりました。我慢します」と松田さんに約束した仲間の一人は六本木店の店長でしたが、翌日の店長業務を終えた後に会社を去りました。

私たち二人はとりあえずは残りました。辞めるなら、いつでも辞められる。福岡に帰ってじいちゃんの事業を再開すればいい。だから、吉野家がどこへ行き着くのか、この目で見てやろうと思っていました。

ところが、仲間はそうはいきません。松田シンパの昔の部下たちからは、「安部さん、もう耐えられません。辞めたらだめですか」というような相談が連日です。

有楽町店でそんな相談を受けるわけにもいかないので、夜、仕事を終えた仲間たちと密談できるアジトを作りました。そこで私は、仲間を辞めさせまいと、かなりの詭弁《きべん》を弄《ろう》したと思います。

「今でも働いている人数はギリギリだ。だから、もし、俺たちが一斉に辞めたら、吉野家は潰れる」

「いいじゃねえか。どうせ、潰そうとしているんだろ、新しい経営者は」

「いや、そうなったら、向こうの思うツボだ。社員が一斉に辞めたから、倒産せざるを得なかったという恰好の理由にされる。そうなったら俺たちは、どこで働くにしても、吉野家を潰した当事者にになってしまうぞ。それより、最後の最後まで役割を全うしたというほうが、次の就職先の信頼にもなる」

出まかせ半分ですが、何とか彼らをつなぎ留めようと、そんな弁をふるった覚えがあります。

「こんな会社なら辞めちまおう」という仲間の気持ちももちろんわかります。その頃、私たちにはさまざまな分野から就職のお誘いも届いていましたから。このまま吉野家にいても仕方がない。自分を買ってくれる会社に就職しようと思う仲間たちが日に日に増えていくのは、自然な流れでした。

その一方で、私たち店長クラスの周辺で起こり始めたそうした大きな動きが、吉野家の内部分裂を引き起こします。きっかけは、FC店の店主たちによる進駐軍への反抗でした。

進駐軍は「経営企画室」と称して、松田さんから預った商標権を楯に、吉野家の経営の実権を握ろうとしています。ということは、FC店の店主から見れば、自分たちの命運はすべて彼らが握ることになります。

そのうち、経営企画室が不穏な動きを開始しました。何十人かの社員を引き連れ、彼らは引き上げてしまったのです。となれば、新会社構想に与《くみ》しないFC店は行き場を失います。進駐軍は吉野家が潰れても、その事業だけはニュー吉野家に引き継ぐことを目論んでいました。

通るあてのない会社更生法

進駐軍の言いなりになるのを良しとしない、いわばば松田シンパのFC店との間で攻防が続きました。

しかし、今だからこうして冷静に事の次第を語っていますが、正直言ってその時点の私には、「そんなことはどうでもいいから、早く区切りをつけて、このゴタゴタから離れたい」という投げやりな気持ちがありました。松田さんの姿なき主導権争いにうんざりし、精神的にも肉体的にも疲れきっていましたから。

心はすでに、吉野家を辞めるほうに傾きつつありました。決着が見えたら退社して数カ月は休養し、その間に次の人生を考えればいい。そう思っていました。事実上の倒産（銀行取引停止処分）となる7月15日が迫ったある日、松田さんから「大事な話があるから、集まれ」という連絡があり、私を含めた松田シンパの5人は、松田さんが密かに借りていたビジネスホテルのアジトに集められました。壁際にベッドがあるだけの狭いシングルルームでしたね。髯《ひげ》ぼうぼうで、ホテルの浴衣を着た松田さんがベッドの上に胡坐《あぐら》をかいて待っていました。

松田さんはこう言いました。

「お前たち、会社更生法というのを知っているだろう。それを使って、もう一度、吉野家を再建しようと思うんだよ」

それを聞いた時の心境はみな複雑だったと思います。松田さんの口から「再建」という言葉が聞かれたのは嬉しくもあったのですが、時すでに遅しの観があった。

7月15日の何回目かの不渡りで破産が観測され、その敗戦処理が当時の仕事だったことに加え、会社更生法は重厚長大産業用の再建法であり、外食のような分野には適用されないと聞いていたからです。
すでに再就職先が決まっている者もいましたし、次の行動に早く移りたいから
どうせ倒産するなら早く決着してほしい。松田さんには恩があるけれど、もうこ
こらで自由の身にさせてほしいというのが、私たちの一致した考えでした。
ですから、いくら松田さんの言葉でも、皆さすがに反対しました。でも、松田
さんは引き下がりませんでしたね。
「会社更生法という法律がある。それに賭けてみようと思う」と訴えました。
ご存知のことと思いますが、会社更生法とは、経営破綻した会社を潰すことな
く、事業を継続しながら自主再建させることを目的とした法律で、その申請が通
ると、裁判所から任命された管財人が財産の処理権、経営権を確保し、利害関係
者の調整を行って、会社の再建を目指します。
従って、吉野家に会社更生法が認可されれば、債権者がたとえ担保権を主張し
ても、それを実行して勝手に所有権の移転などできなくなる。つまり、株式会社
吉野家の経営権、財産権のすべてが管財人に移るということです。

しかし、それだけに審査は厳しく、申請が通るとは思えません。私たちは、「社長、通らないと聞いていますし、もうクタクタです。終わらせてください」と言い続けましたが、オヤジ（松田さん）は「やってみなければわからないだろう。これが一番迷惑を軽減できる措置だと思う」と言い張りました。

何とか諦めさせようと5人が代わる代わる訴えますが、こうと信じたら、1対5でも引かないのが松田さんです。

押し問答が続きましたが、そのうち私たち5人のなかに「オヤジは言い出したら聞かないし、しょうがない。更生法申請手続き、やるだけはやろう」と、いつもの通り押し切られていました。

保全管理人がやって来た

申請が却下されるまでつきあえば、オヤジへの義理は果たしたことになると皆思っていたと思います。ところが、図らずもこの申請が通ってしまった。

吉野家再建のチャンスが巡ってきたのですから、本来なら、万歳三唱すべきなのでしょうが、正直なところを言えば皆、「えっ、通っちゃったの?」という気分だったと思います。

顧問弁護士からも、申請が通る可能性は低いと聞いていましたし、皆「どうせ通らないいんだから、オヤジの気のすむまでやらせてあげよう」というのが本音だった。それが本当に通ってしまったわけですから。

後で聞いた話では、吉野家の会社更生法申請はかなり注目されていたようです。会社更生法の管轄は東京地裁の民事八部というところでしたが、この時、野崎幸雄・裁判長が言った「お待ちしていました」という言葉は今でも語り草になっています。

会社の倒産案件には、昔からある破産法の適用があって、こちらだと民事二〇部の管轄になる。だから野崎裁判長は「松田さんが二〇部に行くのか、こっちに来るのか、大変興味深く見守っていました」と言ったというわけです。

ともあれ、会社更生法の申請が通ったのですから、再建に向かってまたスタートを切らなければなりません。と言っても、会社更生法が適用されるとどういうことになるのか、誰も経験がありませんから、よくわかりません。

一体これから何が始まるのかという空気の中で、裁判所から選任された保全管理人がやってきました。

会社更生法では、裁判所が更生可能と認めるまでは保全管理人が派遣されて会社の財産を管理し、更生会社としてスタートした時点で管財人の手に移ります。保全管理人として派遣されてきたのは、弁護士の増岡章三先生と今井健夫先生と馬場英彦先生のお三方。吉野家の場合、保全管理は2カ月ほどで、お三方が管財人及び管財人代理として引き続き吉野家再建を担っていただくことになりました。

増岡先生は当時、日本弁護士連合会の事務総長を退任されたばかりの先生、一方の今井先生は戦闘型弁護士で正義感が強く、会社再建の分野で辣腕《らつわん》を振るっておられる方でした。

そんな立派な方々がやって来て吉野家再建のリーダーとなるわけですから、社員全員でお迎えするのは当然のことでしょう。ところが先生方は、初めてお見えになった日の社員の様子に失望されたようです。

後に聞いた話では、「全員が魚が死んだような目をしているのに、がっかりした」ということでした。

私はと言えば、それ以前の失礼な若造で、この日出社しなかったほどです。「申請書の提出をもって自分のこの数カ月の闘いは終了した」と思い、動く気力も失せていました。

増岡先生は常に冷静沈着で、石橋を叩いて渡るどころか、叩きすぎて壊してしまうような方でしたし、今井先生は逆に「大株主？　そんなもの、大喧嘩してでも商標権を取り戻してやるから心配するな！」という威勢のいい弁護士さんでした。

ともあれ、ここでいったん、株式会社吉野家の経営はこの二人に委ねられたわけです。

一緒に闘ってくれた増岡・今井先生

倒産を聞きつけたマスコミで始まった吉野家批判は、凄まじいものでした。

「吉野家は、やはり単品商売だったから失敗した」

「牛丼のようなダサい商売は現代社会にはマッチしない。時代遅れだ」

「女性を味方につけるファッショナブルな要素に欠けていた」

批判は甘んじて受けるとしても、その内容は、私たちの総括からすればお門違い、筋違いの論評ばかりでした。

増岡先生や今井先生は、外食業の専門家ではありませんから、こうしたマスコミを中心とした社会の誤解と偏見に影響を受けてもおかしくはありません。むしろ、それが自然でしょう。しかし、私が両先生を素晴らしいと感じたのは、こうした報道にまったく動じなかったことです。

「何か大きな失敗があると、人はすぐに方向転換しようとしたがるが、いきなり

吉野家店内にて、増岡先生（左）、今井先生（中）と著者（右）

変えるのは失敗の上塗りをするようなものだ。まずは、自分たちの商売の本質と失敗の原因を見極めよう。変えるのは、それをしっかりと確認してからでも遅くない。吉野家がなぜダメになったか、みんなで徹底的に分析しよう」

先生たちは、私たちにこう言いました。

さらに、両先生を私たち社員が信頼したのは、その一方で、大株主とも徹底的に戦ってくれたことです。

大株主は商標権を持っていますし、それを楯にニュー吉野家をやりたいのですから、会社更生法でこちらが再建されては困るわけです。そこで法廷闘争をはじめ、ＦＣ会議でも徹底的にこちらを揺さぶってきました。

結果的にこの戦いにすべて勝てたのは、まったくもって両先生のおかげでした。しかも、闘いの相手は大株主だけではありません。債権者である業者たちもひっきりなしに押しかけてきますし、取引先は取引先で、踏み倒されるのではないかと原材料の供給を渋ります。そうしたトラブル対応の緊急措置をやりつつ、人不足のなかで組織運営への経営執行も待ったなしで連続して起こりました。

ある日、管財人側近となっていた筆頭格の先輩から「今井さんと会ってくれ」と呼び出され、「君が安部君か」と、営業部をまとめるよう要請を受けました。「再建セールをやって欲しい」というオーダーに重ねて、「あれもこれもで、退職希望の社員の慰留にまで手が回らない。営業部を仕切って欲しい」という話でした。

何しろ崖っぷちで踏みとどまっている会社ですから、今にも脱落しそうな社員やマネージャーたちが大勢いました。そうした人たちのもとに飛んでいっては引き止める役割を誰かがやらなければ、吉野家は自然消滅してしまいます。

「吉野家の灯りを消すな」が当時の合言葉で、24時間営業が止まることはありませんでした。

不採算店を大幅にカットし、社員もいつの間にか半分になってしまった頃、ようやく吉野家は黒字を達成します。

それまでにない特別な手を打ったわけではありません。

「牛丼の単品主義がダメとか、女性受けしないとかではなく、倒産危機に至った原因は、急激な店舗数拡大に伴って起きたさまざまな劣化による客離れからくる売上急減と財務の悪化にある」

なぜ倒産危機に至ったかを分析していた私たちの結論は、簡単に言うとこういうことでした。

フリーズドライ肉などをやめて味を正常化し、値段も下に戻してお客様が満足感を得られる線に落ち着かせる。つまり「うまい、安い」を優先する。そして店長を再教育してマネジメント・スキルを上げ、組織を活性化するなど、全面的に本来の吉野家に復元することで必ず業績は回復するはずだということです。

両先生はそうした私たちの分析に同意し、もちろん、立地条件など別の要因によってそれでも黒字にならない店はありましたから、そこは撤退していけば行けるはずだという作戦でした。

これによって一つずつ成果が生まれてくると、一度は諦めていた私たち社員にも、「ひょっとすると、本当に再建できるかもしれない」という気持ちが拡大していきました。

ここまで持ちこたえたのは、社員の大半がまだ若かったことも大きかったと思います。当時の吉野家の社員は20代、30代が中心でしたから、10年後、20年後を考えることができた。これが家庭の重責を担う40代、50代中心だったらこうはいかなかったはずです。

ともあれ、両先生を中心とした社員全員による力で、もう一度、吉野家の本質と失敗の原因を確認できたおかげで、吉野家に立ち直りの気配が見えた。

給料は正常に払われ、まだ更生中なのに、ボーナスまで出ました。裁判所は前代未聞と困惑したようですが、「外食産業は、人が命なのだ」と押し切ってくれた両先生のおかげです。

セゾングループの支援決定

そうこうしている間に、西武百貨店をピラミッドの頂点とするセゾングループが吉野家を支援してくれることに決まりました。

吉野家の支援には、当時まだ勢いのあったダイエーなど、いくつかの企業が手を挙げていました。結局セゾングループに決まったのは、増岡先生とセゾングループを率いる堤清二さんが東大の同期だったことが大きかったようです。

杉本会長と社長就任後の著者

増岡先生と堤さんが管財人に、セゾングループから派遣された鈴木與三郎・レストラン西武取締役と今井先生が管財人代理になりました。のちに、鈴木さんに代わってレストラン西武副社長の杉本惇さんが管財人代理になり、この杉本さんが、更生終結後の吉野家の社長に就任しました。

こうしてセゾングループの支援をいただいた吉野家は1987年の春、最終的に債務の全額を払い終え、100%完全弁済という偉業を短期間に成し遂げました。

1983年に東京地裁から認可された更生計画では、債務は5年で全額弁済するということでしたが、実際には、この期限も3カ月繰り上げてしまうことができた。また、大株主とも和解し、商標権も含めて、すべてこちらに取り戻すことができました。

こうして吉野家はセゾンのグループ会社になり、1988年、レストラン西武傘下にあってダンキンドーナツなどファスト・フードを展開していたD&Cという会社と合併し、「株式会社吉野家ディー・アンド・シー」として再出発することになったわけです。

革命前夜の舞台裏

会社を更生させるのに、当時のセゾングループのような強力なバックを得たことは、吉野家にとっては力強い後ろ盾だったと今では思っています。

しかし、当時の私には、もどかしい思いがあったことを白状しておきます。というのは、セゾングループの支援話が決まりかけた頃、私たちは、吉野家は自主再建できると考えていたからです。実際、この頃になると、吉野家の業績は完全に立ち直り、利益をどんどん上げるようになっていました。

これなら何も他人の資本に頼らなくてもやっていける。セゾンがどうこうではなく、やはりここまで自分たちが積み上げてきたやり方もあれば、社風もある。子会社化されればそこに干渉が入るのは当然のことで、できるならそれは避けたいという思いがありました。

そこで私はまず、増岡先生と今井先生に、吉野家のリーダーとして立ってもらえないだろうか、という話をしました。

しかし、答えはノーです。「管財人としては、更生までが自分たちの仕事。再建できた会社に経営者として残ることは信義上できない」とおっしゃっていました。断られたのは残念ですが、考えてみれば、そういうお二人だから吉野家は救われたのでしょう。

しかし、私を含め収まらないのは、吉野家に残っていた血気盛んな社員たちです。他人のフンドシは嫌だ、何とか自主再建をということで、抵抗が始まったわけです。

尊敬する増岡先生、今井先生の主導で決まりかけていることに反旗を翻《ひるがえ》すのは気が咎《とが》めましたが、「お二人が受けてくれないのなら仕方ない、闘うカードはストしかない、実力行使してでも阻止する」とエスカレートしていきました。今考えれば幼稚な議論でしたが、私たちは対抗手段を練っていました。

そして、「もうやるしかない」という空気になった頃、私は仲間たちに内緒で、あるところに出向きました。

松田さんのところです。

実は、私は増岡、今井の両先生がトップに立ってくれないのなら、すぐにとはいかなくとも、態勢が整ったら松田さんに再登板願おうと考えていました。

何としても自力で再建したいと思っていることを告げると、松田さんは言われました。

「お前らはバカか。資本というものは、常に安全で有利なほうに流れるものだ。だったら、お前らのほうが安全で有利だという実力を示せばいい話じゃないか。資本なんてどこでもいいんだよ」

お前らよく頑張った、そこまで俺のことを考えていてくれたのか、と頭の一つも撫《な》でてもらえるかと思っていた私が浅はかでした。

「セゾンは、極めて有力で安全な後ろ盾のひとつだと思う。要は、その人たちから、お前らがやるほうがこの資本はもっと生きるというふうに思ってもらえればいい話で、余計なことは考えるな」

そうも松田さんは言いました。

つまり、私たちより他に金を預けるのに有効な人がいたら、これは仕方がない、資本の論理とはそういうものだ。それが嫌なら、金を預けたくなるような存在にお前たちがなるしかないんだ、ということです。

松田さんの言うとおりだなと、私は思いました。それまでも本質をズバリと突く松田さんの言葉を幾度も耳にしてきましたが、このときの言葉もさすがでした。帰ってから私は、「ある人に相談に言ったら……」という切り出しで、皆にこの話を伝え、自分もその人の意見が正しいと思うと告げました。

「今さら安部さん、何を言ってんだ」と大騒ぎになりかけましたが、「みんなで安部さんを立てたんだろう。だったら最後まで安部さんについていこうよ」という上原勝太郎君の一言に救われました。

これも吉野家の文化の一つです。決まるまではさまざまに議論しますが、いったん決まったことに対しては、皆速やかに実現に向けて一丸となれるのです。

フランス料理と牛丼

いよいよセゾングループの資本が入り、吉野家ディー・アンド・シーが立ち上がった後の私には、増岡先生と一緒に合併以前に手掛けていた台湾吉野家の社長、そして台湾にいる間に合併されたダンキンドーナツの本部長の肩書きが加わりました。

それにしても、吉野家とレストラン西武では、同じ飲食業ですが文化が違うと言いますか、感覚の開きはかなりのものでしたね。

言わば、フランス料理レストランと牛丼屋の違いは大きく、料理や客層だけでなく、習慣も常識観もすべての文化が対極の相異でした。

例えば、会議のスタイルや位置づけにすべての違いが凝縮されていたかもしれません。西武という組織はやたらと会議をやるのですが、その会議で配布する資料づくりに膨大なエネルギーをかける。しかも、資料内の記述や見せ方にも文化の香りがあって、洗練されているわけです。

それからすると、吉野家の文化は真逆と言っていいくらいのもので、会議はあまりやりません。会議は仕事の端の部分といった感じで重要視されず、ペーパーも要点の箇条書きくらいのもので、極端な現場主義でやっていたのが吉野家でした。

もちろん、現場で何も考えず体を動かしていれば良しというのではありません。まず動くこと、そして動きながら考えよ、ということですが、その考えも徹底的に理にかなったもの、つまりは隙のない論理性を持つものでなければならないというのが松田さんの考えでした。

常に現場で論理的に考えて実行していれば、そこには現実的な数字の裏づけがついてまわりますから、会議などしなくてもそれを報告すれば十分だったのです。

そんな、どんぶり屋風情に似合わない吉野家社員たちの意外にロジカルな姿勢を評価してくれる人が、セゾングループの中に現れました。

当時、西武の堤清二さんの懐刀と呼ばれていた和田繁明さんです。

和田さんは、吉野家がセゾングループ傘下に入った時、レストラン西武の社長兼吉野家の会長として、セゾンの外食事業全般を堤さんから任されていました。

和田さんは、「何が悲しくて、西武が牛丼屋をやるのか」と、吉野家を見下ろすような人が多いなかで、吉野家プロパーの私たちの力を認め、「お前たちのやり方は間違っていない」と、いつも励ましてくれました。それどころか、西武側に対して「彼らを見習うように」とまで言って下さっていましたね。

単純な私たちは、意気に感じて急速に親近感を持てたわけです。もともと、吉野家はちゃんとやれば収益が上がる体質でしたし、無理を重ねなければ、倒産もなかったわけですから、いつの間にか業績も、レストラン西武をはるかに凌《しの》ぐようになっていました。

そんななか、株式会社吉野家ディー・アンド・シー代表取締役常務、同代表取締役専務を経た私は、1992年9月、代表取締役社長就任の命を受けたのです。倒産騒ぎでアメリカから呼び戻された1980年から数えて12年後、42歳のことでした。

第四章

「安さへの挑戦」が生んだ試練

吉野家三大事件②――「並盛250円セール」大騒動

「吉野家の価値」とは何か

幸い、私が社長に就任してからの株式会社吉野家ディー・アンド・シーの経営は順調でした。

１９９６年には国内店舗数が５００店舗を超え、２０００年には、東京証券取引所第一部への上場も果たしました。あの倒産騒ぎは何だったの？　と思った方もいらっしゃったことでしょう。

そんな順風の時代に変化が現れたのは、21世紀を迎えようかという頃でした。２００１年、私は年頭の挨拶で、全社員に向けて「さらなる吉野家の進化と成長」を訴えました。

１９９０年代初頭のバブル崩壊を経て、それまでの輝きを失った日本経済は、

吉野家が出店していたロサンゼルスのドジャースタジアムにて、ドジャースの名将トミー・ラソーダ監督と。社長就任後の1990年代半ば頃

長びく不況のなかで慢性的な消費低迷を招き、物価が下がり続けるデフレ状態にありました。

そうなると、安くなければ買ってくれないということで「価格破壊」がどんどん蔓延してきていたのがこの頃です。ファッション業界は商品を絞った低価格路線を行くユニクロの一人勝ちの様相を呈し、外食産業もマクドナルドを筆頭に、サイゼリア、バーミアンなども軒並み低価格路線を特徴にしたところが市場を席巻していました。

そうしたなかで、2000年あた

りから起こったのが、吉野家既存店の来客数の減少です。再建を果たしてからの吉野家にはなかったことで、「何かがズレている」という問題意識でした。

仮説は、吉野家の価格バリューの低下です。そこで私は吉野家が提供している価値と顧客が感じている価値のズレを特定し、市場（客）の期待に応えるためのプロジェクトを「スペース・プロジェクト」と名付けて立ち上げました。「吉野家の価値の再設計」です。そして結果的に、これが吉野家三大事件の2つ目の呼び水となりました。

「吉野家の価値」とは、ご存知のとおり、松田瑞穂さんの時代から続く「うまい、やすい、はやい」です。他の価値もありますが、それらはこの3つと比較すれば、かなり小さなファクターにすぎません。

では、「うまい」と「やすい」と「はやい」では、どれくらい価値の比重に差があるのでしょうか？

人によって感じ方が違いますから厳密に数値化はできませんが、当時は全体を100とした時、「うまい50％」、「はやい30％」、「やすい20％」ぐらいだったかもしれません。しかし、価格破壊の波のなか、「やすい」が劣後で本当にいいのだろうかと、考えたわけです。

価格をもう一度徹底的に考え直すことで、「吉野家の価値」の再設計をしてみようというのが、その時の強い思いでした。

これがのちに、多くのお客さんにご迷惑をかけ、とんでもない事態を巻き起こすことになろうとは、その時の私はまったく気づいていませんでしたが。

価値の再設計への私のアプローチ

吉野家の価値の再設計へのアプローチとして、まず、1店舗当たりの来客数を1日700人から900人に、人時客数（客数÷総労働時間数。従業員1人の1時間当たりの客数）を11人から16人にするという数字目標を立てました。

つまり、「やすい」という魅力を高めるためのバックボーンとして、最低限、これにこれができなければ成り立たない数字を出してみたわけです。もちろん、これによって、テイストも利益も落ちないことは必要絶対条件です。

その一方で、「やすい」を前面に押し出すことでお客様のニーズに応えるだけでなく、それを梃子《てこ》にして今の社内システムをもう一度再構築してしまおうという想いもありました。

言い換えれば、市場への適応がもたらすものが、単に「さらなる安さ」を実現することだけにとどまってはならない。仕入れの仕組みから機能組織のエンジニアリングを改めることで生産性の向上をもたらし、さらには会社組織の硬直化の打破と改革をもたらすものでなければならない。そうなれば、吉野家の価値の再設計は「さらなる進化」につながると考えたわけです。

こうしたなか、毎年恒例の春の全体セールは、いつも通り「牛丼100円引き、定食50円引き」で決定しました。当時、並盛400円だった牛丼を300円とするディスカウントセールです。

1カ月後、セール内容を見直すことにしました。スペース・プロジェクトでの価格実験は、さまざまなパターンを続けるなか、想定価格270円〜290円の手応えを探るために、思い切った下限価格250円での反応を見たかったのです。

こうして、2001年3月5日、吉野家の歴史に残る大事件「並盛250円セール」が正式決定しました。


「これは、まずいぞ！」


「風雲急を告げる」と言いますが、セール開始1週間前に、すでに何かが起こる前兆はありました。

テレビなどで1週間後の「吉野家　並盛250円セール」開始の告知を始めると、250円は1週間後だというのに、その直後から入客数が激増しました。あとでわかったことですが、この時の入客数は前年比の120%、一部の店では200%を超えていました。250円という価格のインパクトが強すぎて、まだ始まってもいないのに、すでにセール中だと錯覚させてしまったわけです。

実際、店ではお会計の段階になって、「えっ？　250円じゃないの？」というお客様がかなりいらっしゃったようです。

その頃、製造物流部では、春の全体セールのための準備が着々と進められていました。2・2倍の予測でしたが、念のため、2・5倍のお客様がいらしても大丈夫なように食材、備品、人やトラックを手配していました。しかし、それでもセール前の大勢の来客により、セール開始前の段階で、すでに食材は予定量に満たない状況に陥っていました。

まずい状況でした。それでも、頭のどこかで何とかなると思っていたのでしょうね。そういう状況を知りながら見切り発車させたのは、この私でした。

2001年4月4日、午前10時、いよいよ250円セールがスタートしました。すると、開店と同時に予想をはるかに上回る入客があり、店内はずっと満杯状況、弁当を求める人の列も店外の通りまで溢れんばかりです。テイクアウト率が異常に高く、開店直後から早くも弁当箱の不足が心配される状況です。お昼近くなってからお客様が押し寄せるだろうと思っていた従業員は、完全に不意をつかれました。

本社には応援部隊が集まり、待機していました。しかし、各店舗では開店直後から大勢のお客様をお待たせする事態が発生していて、応援が間に合いません。全国の店長たちは「まずい、今までの全体セールとは違う」と思っていたそうです。本社のお客様相談室では、初日からクレームの電話が鳴り止みません。何かが起こる前兆ではなく、すでに何かが起きつつありました。

東京の工場から大阪に、仙台にと、肉の追加輸送が始まりました。本社にあちこちから肉の追加の要請がきて、営業部は、深夜までその対応に追われました。

そんななか、緊急事態が発生しました。

セール初日だというのに、玉ねぎの在庫がゼロになってしまったのです。玉ねぎのスライスは外部に発注していたのですが、その外注先はそうした急変に対応できない状態でした。急いで追加注文を出しましたが、「明日、早朝から動きます」という連絡を受けるのがやっとでした。

大パニック、ついにクローズ店も

セール2日目。

食材や備品不足はますます深刻化していきました。玉ねぎは入荷待ちで、肉もスムーズに届かなくなる。どうにもなりません。2日目にして、早くもクローズ店を出してしまいました。

セール3日目。

牛肉の解凍を優先すべく、お新香とサラダの生産を中止。工場では肉の解凍が間に合わなくなり、あらゆる場所を使って解凍が行われました。

肉を輸送するトラックも大混乱です。臨時便が急増したことで、工場の駐車場では出荷に出て行くトラックと入荷にやってくるトラックが入り乱れ、通常であれば、数分で移動できるミートセンターから配送センターへの移動に30分もかかる有り様。その頃には、全国260店舗で食材が不足し、配送遅れによるクローズ店も出ていました。

大混乱が起こっているのは間違いありません。しかし、私にできることは、全員に「大入り袋」を配布することぐらいです。吉野家の歴史と伝統において、また吉野家の誇りと威信をかけて、店に足を運んでくれるお客様に対して、最後の最後まで最善を尽くしてほしいという、せめてもの激励でした。

しかし現場では、「そんなもの要らない、早く肉を届けてくれ！」と叫ぶ店長、「お金じゃないんだ！」と悔し涙を流す店員が多く、却って反発を生んでしまいました。

すでに24時間体制に入っていた工場では、従業員が残業につぐ残業。夕方、本社で工場へ行く応援メンバーを募ると30名が集まり、彼らはスーツにネクタイのまま朝まで肉の解凍やスライスを手伝いました。

私はと言えば、反省などしている暇はありません。次々と入ってくる情報から全体の状態を把握し、あちこちと連絡を取りながら対応を指示していました。

こうして、ほとんどの社員が不眠不休の状態で、セール最大の山場である週末に突入していきます。

最大の危機、選択は二つに一つ

セール4日目。

店長たちは、押し寄せるお客様に対応しながらも、お客様からのクレームの処理に追われていました。「提供が遅い」「タレの味がしない」「米に芯がある」といったほかに、テイクアウトの長蛇の列へのクレームが加わります。

店員たちの疲弊は相当なものだったはずですが、とにかく来ていただいたお客様に牛丼を提供しなければという使命感で頑張ってくれていた。

一方、本社では最悪の事態が起きていました。オンラインの伝達システムが崩壊し、電話と手書きでの発注に切り替わる。これではきちんとした在庫情報が把握できません。次第に、食材工場への連絡もうまくいかなくなってきていました。

一番想定外だったのは、配送用のトラックです。

食材の運搬が限界にきていました。いつもの業者だけではトラックの数が足りなくなり、新たな運送会社にも依頼しますが、店舗の場所もあやふやなドライバーでは食材がスムーズに届かない。

配送時間がわからないと店側も準備ができず、トラックが到着しても受け取りに行く人間がいないわけです。今度は事情を飲み込めないドライバーたちが、店の前で何十分も待たされる。さらには週末の渋滞に巻き込まれ、トラックが配送センターに戻ってくる時間も読めない。

流通の停滞は、あらゆるところに波及します。近隣店に食材があってもそれを運ぶ手段がなく、閉店を強いられる店も出てきました。

どう考えても努力では何ともし難い状況でした。それでも心が折れなかったのは、どういう状況になってもお客様に対応し続ける現場従業員の執念でした。そんな状況のなかでもお客様は増え続け、全国の食材の生産能力の限界をはるかに超える規模で売れ行きが伸びていました。

この時、リーダーたる私の選択肢は、二つに一つでした。

弁当販売を一時休止することで消費量を半分以下に抑え、肉のストックをつくって全店営業を継続するか、それともこのまま完売になるまで営業を続け、吉野家始まって以来の全店閉鎖に至るか――。

これまで、24時間年中無休の旗印の下、何が起ころうと営業休止はあり得ませんでした。吉野家に足を運んでくれるお客様がいる限り、絶対に店は閉めてはならない。会社更生法の申請中も乗り越えてきたこの精神こそが、吉野家が絶対に譲ることができない哲学。だとしたら、全店閉鎖はあり得ない選択でした。

決断したのは、弁当販売の休止でした。弁当は1人平均で1回に4個出ますから、弁当を中止すれば、かなりの肉を店内客のほうに回せます。もはや全店閉鎖という事態を避けるためには、スライス肉の生産量アップと消費量のダウンしか道は残されていませんでした。どんなことがあっても店を閉めないことが、お客様のためにすべき必要条件だと思ったのです。

この決定は、事業部長から営業部長へ、そしてエリア・マネージャーから店長へと電話やファックスで伝えられました。

しかし、弁当販売休止に各店の反応は複雑でした。とくに郊外店の場合、週末オーダーはテイクアウトに集中するからです。

通達が店に伝わった時、店内には空席があっても、店外には長蛇の列ができている店が数多くありました。店外のお客様に弁当販売中止を告知するには、店内で働いている従業員を、店の外に出さなければいけない。そこまでの人員を確保できている店は多くありません。

多くの店長が涙を流していたという話を、あとから聞きました。お客様は家族や友人のために20分も30分も並んで、弁当を買いに来ています。その人たちに向かって「弁当の販売は中止です」と言わなければならないのですから。

ようやく一番前まで来たお客様が「なんで売ってくれないんだ」「弁当の容器はそこにあるじゃないか」と怒鳴る。「吉野家はこんなことをするのか！」と憤然と帰ったお客様もいたそうです。

本社のお客様相談室にも「弁当販売休止、吉野家は詐欺だ！」「セール内容がホームページと違う」「嘘のテレビコマーシャルなんかやめろ」と、クレームの嵐でした。

「悪いのは自分じゃない」では、敗北の意味がない

この日の朝、私は本社部長、室長あてにメールを発信していました。

「本社部室長は全員、20時に東京DCに集合！」

東京DCとは、肉の処理工場に物流センターを併設している心臓機能です。弁当販売中止によって消費量を抑えれば、あとは肉のスライス量を増やしていけば何とかなる。そのためには、工場の要員だけでなく、背広組も一緒になって働くしかないと考えたのです。

通常の8時間稼動から12時間、12時間から24時間にとフル稼動する。そのために使える手は副社長も常務も総出の現場応援でした。

この日の夜は、約60名の本社スタッフが集結し、不慣れな手つきながら、徹夜で肉を解凍エレクターに移動させたり、肉のスライスを手伝いました。

そして、セール5日目。

この日は日曜日で、絶好の行楽日和。しかし、吉野家の店や工場は相変わらずの混乱でした。

私は、弁当再開の見通しを慎重に探っていました。日曜日に弁当がたくさん売れることはわかっています。できることなら、この行楽日和の日曜日に再開できればと思っていました。

しかし、さまざまな機能が麻痺していたため、生産の見通しと消費の流れがリアルタイムでキャッチできません。一番気にしたのは、再開後に弁当に人が殺到して食材が足りなくなり、再びクローズ店を出すことでした。そんなことになったら、今度こそ吉野家の信用失墜です。

結局、きちんと食材の在庫がわかり、絶対に大丈夫だとわかったセール6日目に、全国の店に「弁当販売再開」を通達しました。

と同時に、セール終了後の翌日の新聞朝刊に謝罪広告を掲載し、頑張り通した従業員に臨時ボーナスを支給することを決めました。

この6日間のセール期間中、1日の入客数の平均は前週比で186%。初日は約300%いったこともあり、やむなくクローズ店を出したり、弁当販売しなければ2・5倍~3倍はいったでしょう。

凄まじい闘いが終わった2日後、私は、全役員、部長、製造物流担当者などを本社に集め、総括をしました。そして、失敗のドキュメントと学ぶべきことを社内報で出しました。

本来は部外秘なのですが、あえてここに公表することにしましょう。主な内容は、以下の通りです。

1 今回のセールは、吉野家のマネジメント・オペレーションにおける敗北であった。まず、能力的に無理のある二五〇円セールを命じた私（社長）に、出発点としての責任がある。

2 しかし全社員の受け止め方に誤った多くの心配がある。すなわち、

(1)悪いのは他部門、他人であり自分に非はない。
(2)失敗したのは不運な偶然の重なりであり、誰がやってもうまくいかなかった。
(3)何しろ不眠不休で精一杯やった！　しかも社会やマスコミは好評価している。これをもってすべて良しとしよう。

以上のような結論にしたのでは、本当の負け犬だ。未来につなぐために、しっかり総括しなければならない。

3　これは（1）マネージメントの欠陥であり、（2）オペレーションの稚拙性によるものである。

(1)マネージメントの問題

初めての試みに対しては、余らせて正解（ロス発生は当然とする）。

絶対にショートを避けるというマネージメントの備えをしなければな

らない。
よって、オフィシャル計画よりも少なくとも3割増加の用意がマネージメントの準備であり、その用意があればさらにその2割増まで技術的に耐えられる。今回は、2・5倍の規模で破綻したところにマネージメントの欠陥がある。

(2)オペレーションの問題

自動制御から手動に切り替わった時点で発想と行動の点で優先順位を変えなければならない。やり方を変えなければならなかったが、残念ながらほとんどの人がルーティンの延長から転換できなかった。

4

以上のようなさまざまな問題に対して、これからその原因と真剣に向き合わなければならない。

全軍に告ぐ

このように、2001年の挑戦では、大きな敗北感を味わいました。しかし、この挑戦はそれを補って余りある大きな収穫を吉野家にもたらしてくれたと思っています。

このセールをきっかけに「吉野家の価値の再設計」の本来の意味を理解し、本番に向けて二度と混乱を招かない準備が整っていきました。270円から10円刻みで280円、290円としていったらどうなるかもやってみましたし、300円台の実験も行いました。その結果、同じ10円差でも、290円と300円の10円差が一番大きな差になることもわかりました。

もちろん、それらの実験も、先の「250円セール」と同じようにやったのですが、ああした混乱が起こることはありませんでした。

280円の時は、「全軍に告ぐ」で始まる次のような手書きの檄文《げきぶん》を全営業部に送りましたが、いつの間にか、役員は部長に、部長は部下に、そして各店舗にと回っていました。

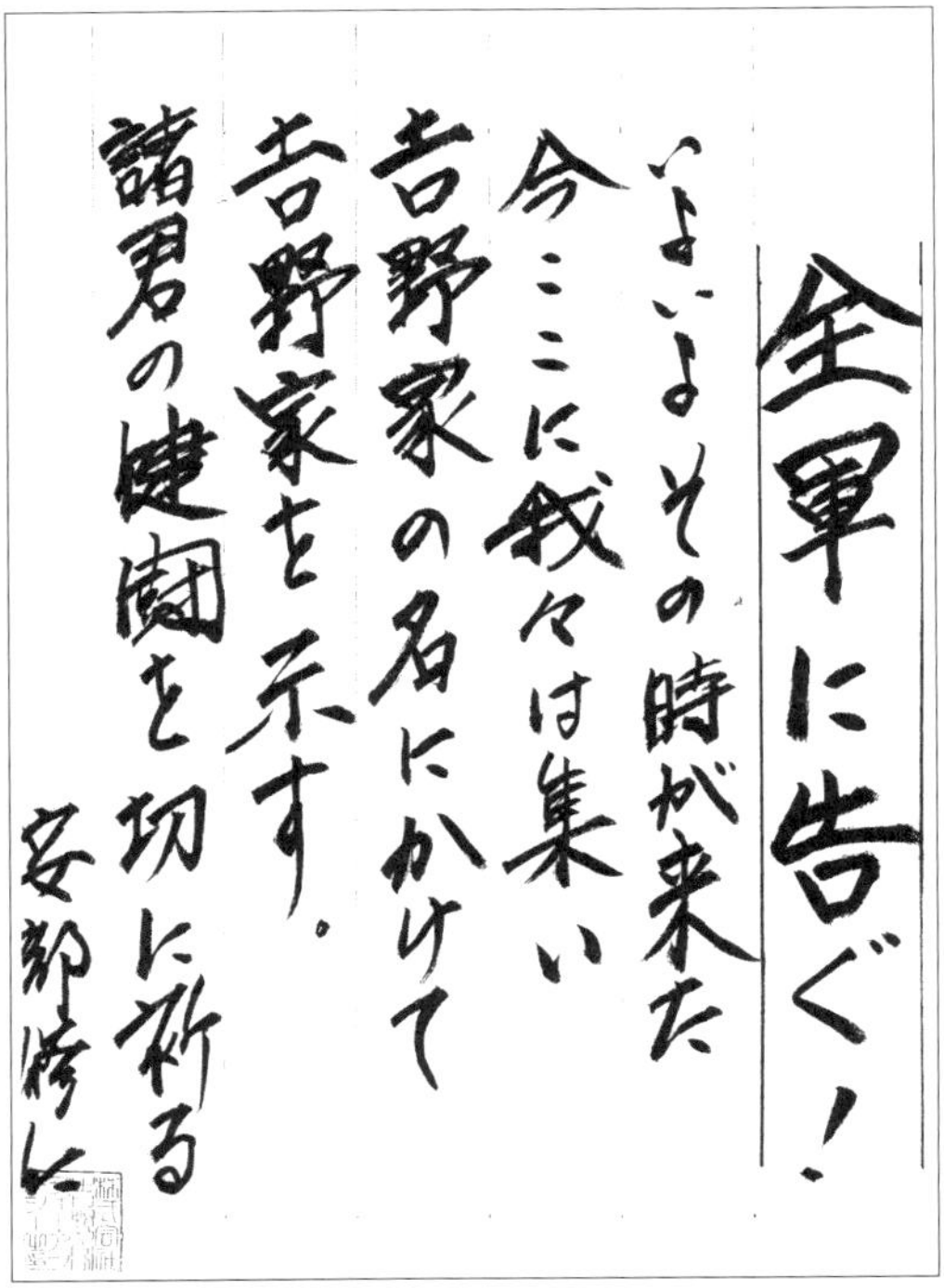
全軍に告ぐ！
いよいよその時が来た
今ここに我々は集い
吉野家の名にかけて
吉野家を示す。
諸君の健闘を切に祈る
安部修仁

これを見れば皆、これから始まる歴史的な一歩の重大さを共有できるだろうという進軍ラッパでした。

その後、大きな価格改定による大きな混乱が一度も起きなかったのは、すべて250円セールでの失敗があり、「人のせいにしない」「運のせいにしない」「自分を慰めない」ことで、未来への教訓とすることができたからだと思います。

ピンチは、それを乗り越えることでチャンスに変わると言いますが、その意味でこの事件は、吉野家を大きく成長させた。本来の目的であった「さらなる吉野家の進化と成長」をもたらしたと思っています。

この騒動に不眠不休で立ち会った連中は、この時の話を始めると今でも止まりません。

第五章 消えた牛丼

吉野家三大事件③——米国産牛肉輸入停止からの2年9カ月

最悪のクリスマス・イブ

２００３年12月24日、クリスマス・イブのことでした。

私が社長になってからの約10年間、増収増益を続けてきた吉野家にとって最大の試練が訪れました。

アメリカ・ワシントン州でＢＳＥ（牛海綿状脳症）感染の疑いのある牛肉が発見され、日本の農水省が輸入の一時停止を決定したと、アメリカからの一報が入ったのです。

「ＢＳＥ感染の牛が見つかって、今日本に向かっていた船までこちらに戻ってきています。当分、肉をそちらに届けられません」

来たか、と思いました。ＢＳＥは１９８６年にイギリスで初めて報告された牛特有の病気で、人間に感染すると危険なヤコブ病を発症するため、問題視されていた。2001年には日本でもBSEが発生し、全頭検査が行われるようになっていたので、アメリカでBSEが発生し、牛肉が調達できないという事態はいつか起こると思い、さまざまな実験を繰り返していたのです。

未明の電話を切った私は、幹部たちに、早朝の集合を呼びかけるメールを送りました。正確な情報の確認と共有が、最初にやるべき危機管理のセオリーです。皆それを承知していますから、それぞれがデータを持って集まりました。

「今、在庫はどのくらいある？　このまま継続すると、いつまでもつ？」

「2月までです」

「よし、それを基本に善後策を考えよう」

初動段階でやるべきことは、「誰に」、「何を」「いつまでに」メッセージするかということです。この基本を疎《おろそ》かにすると、必ず混乱します。

「誰に」は、まずお客様と社員、次にFC加盟店をはじめ取引先、そしてマスコミを通じて株主。「いつまでに」は、限りなく早く。年末ですから、もたもたして年内にメッセージが出せないとなれば、マスコミが憶測で報道したり、デマが流れかねません。そうなればお客様の混乱を招くだけでなく、社の内外に不安と混乱が生じる。それが一番怖いことでした。

営業方針に重要な決定があれば、上場会社としてただちに東証に報告しなければなりませんが、6日後の12月30日が大納会ですから、時間がありません。逆算すると、27日に社内、28、29日で東西のFCに社の方針を説明、そして、30日に記者会見という日程しかありませんでした。となれば、3日間で今後の方針を、概略を詰めて幹部と共有しなければならないという切羽詰まった局面を迎えたのです。

米国産でなければ「吉野家のタレ」に合わない

「誰に」と「いつまでに」は初めから見えていましたから、「何を」伝えるかが、24日朝の議題でした。

白ワインをベースにした吉野家のタレに合う穀物飼育の米国産牛肉が入ってこない以上、いずれ、いつもの吉野家の牛丼を提供することはできなくなります。米国産牛肉にこだわれば、近い将来「牛丼の吉野家」から牛丼が消える。

松田さんの時代から牛丼単品でやってきた吉野家から牛丼が消える事態を想像することは、皆耐え難いことだったと思います。

「存亡の危機です。国産の牛肉や豪州産のオージー・ビーフを使うのは、どうしても無理ですか？」

当然こういう意見も出ました。しかし、他の産地を活用して同等の味が保証できる量の確保は、最大努力をもってしても100店程度です。

実際、米国産牛肉が調達できない事態を想定し、シミュレーションはしていました。BSE発生に備えてというより、米国産牛肉に頼っている以上、リスクはあると考えていたからです。

日本でBSEが発生する2年前から、米国産以外の牛肉を使って吉野家の味を実現できるかどうかを研究する「ミートプロジェクト」を立ち上げ、1年半かけて担当者が、全世界の牛肉産地を回って調査していました。

オーストラリアはもちろん、ブラジル、アルゼンチンなどの牛肉生産大国である中南米諸国。しかし、そのなかで質的に耐えられるものをかき集めても、100店舗を維持するのが精一杯だということがわかりました。全店規模で「吉野家の牛丼」が求める均質な肉を継続的に調達するのは不可能だったのです。

吉野家を支えてくれているお客様はヘビーユーザー、常連客だということ。いつもと違う牛丼を出したら、「これは吉野家の味ではない」と失望される。ひと口食べて「吉野家の牛丼」だとわかるお客様がいらっしゃるということが誇りである。ここにダメージを与えることは、後々、ブランドへの信頼を損なってしまう。今のダメージより未来へのダメージのほうがリスクだと考えました。

だとしたら、今ある在庫が切れたら、米国産牛肉の輸入が再開されるまでの間は牛丼販売を休止すべきだというのが我々の第一の理由でした。

吉野家のお客様は、まがいものでは決して満足しない。再びお客様の満足を得られる状況が訪れるまで吉野家は牛丼を販売しない、という覚悟を決めました。

お客様、社員、取引先、マスコミに対し、今日にも、米国産牛肉の輸入再開まで牛丼販売を休止することを伝える――。

あとは、伝え方の問題です。社員、取引先には、この会議のあとすぐに伝える。幸い、夜中の連絡で早朝会議ができたため、社員や取引先は出社と同時に知ることができます。お客様には本日は店頭、明日からは新聞・テレビで。マスコミには記者会見を開く。

これで、この日決めなければならなかった「吉野家はどうするのか」の基本が決まったのです。

「牛丼の吉野家」から牛丼が消えてしまうのでは、経営への不安はなかったのかと思うかもしれませんが、その点は、実は心配していませんでした。

財務に余裕があったこともありますが、トータルな意味での吉野家のシステムやメカニズムに自信を持っていたからです。素材の求め方から保管、加工、流通、キッチン機材の選択や配置、キッチン・オペレーション、そして店づくり。どれをとっても素晴らしいメカニズムが構築されていましたから。

これらすべての基礎を考え、他に類のない価値を創ったのは松田瑞穂さんです。これはもう究極的にその一つひとつが研究と試行錯誤を重ねて出来上がった完璧なシステム。

吉野家が構築したさまざまなコンテンツや取り組みの力は、売り物が牛丼でなく他のメニューだったとしても機能する際立ったものでした。言い換えれば、命懸けで作り出したこの突き詰め方や、やり方を「牛丼」で表現したのが松田さんであり、吉野家でした。

ということは、幸いにしてその財産を受け継ぐ私たちは、牛丼でなくとも、新メニューでも十分に他社に負けないものを提供できる。たとえ牛丼が出せなくなって一時的に落ち込んでも、わが社の取り組みと社員たちのスキルと情熱があれば、短期間で他の外食チェーン並みの売上げや利益は出せる、黒字化できると確信していました。

朝令暮改

牛丼に代わる新商品を生み出そうと、発生初日から私たちは、メニューの開発に奔走しました。

関連会社の協力も得て、カレー丼、豚キムチ丼、いくら鮭丼、焼鶏丼、マーボー丼などがすぐに考案されました。

カレー丼は、子会社のカレーチェーン「ＰＯＴ＆ＰＯＴ」のカレーをベースに、吉野家らしく和風にアレンジ。いくら鮭丼は、京樽の海鮮三崎港の商品と調達力を活かしたもの。焼鶏丼は、九州地区など一部の吉野家で2年以上販売してきた経験があり、これに半熟玉子などのトッピングを加えました。

こう書いてしまうと、いとも簡単に新メニューが生まれたように思われるかもしれませんが、この作業は大変な困難を伴いました。

まず、新メニューを準備するのにもタイミングが最悪でした。ＢＳＥ問題が発生したのが12月24日ですから、食材を調達しようにも、取引先のサプライヤーやメーカーは数日後には年末年始の休みに入る。つまり、その前の4日間で2004年の年明けから順次販売する新メニューを実験して、サプライヤーやメーカーと交渉し、オーダーしなければいけない。

そんな状況のなか、東証大納会当日の12月30日に、吉野家は株主に対して情報開示を行いました。今思い返しても、これ以上ないという早さだったと思います。とりあえず決めた新メニューですが、最初の段階で、全国共通で供給できるメニューはカレー丼くらいで、あとは材料調達の問題で地域ごとにメニュー構成を変える必要がありました。それに、牛丼単品なら必要のない包丁などの調理器具はすべて削ぎ落としていましたから、初動は加工品でいくしかないところがありました。

それから後も、まあ、いろんなメニューを試しましたね。どれだけボツになったメニュー、無駄になった食材があったかわかりません。

「試行錯誤」と口で言うのは簡単ですが、やる方は大変です。試行錯誤を繰り返しやらされ、なかなか一定のものに決まらないと、試行させる方とさせられる方との関係が少しずつおかしくなっていきます。

メニューを変えるということは、そのたびに現場のマニュアルが変わっていくということ。出来上がったマニュアルを現場は2日ほどで全員に行き渡らせますが、この段階で中止ということもある。これが幾度も続くと、人間ですからイライラしてくるわけですね。

「また変更かよ。せっかく全員に扱い方を周知徹底したのにムダじゃん！」

「俺のせいじゃない、上からの命令だよ」

「だったら、あんたが上に言ってくれよ」

放っておけば必ずこうなります。内部分裂は組織の致命傷になりかねませんから、そうなる前に皆にこう告げました。

「朝令暮改という言葉があります。朝言ったことを夕方になって訂正する。これは、これまで悪い事例に使われてきましたが、今の吉野家にとっては、朝出した方針が夕方になって、より良いように変わっていくのだと思っていただきたい。

朝礼暮改のスピード感がなければ、この危機は乗り越えられません。朝礼暮改を推奨します。したがって、向こう3カ月は何があっても腹を立てるな！　変化を受け入れ、変化に挑戦し、半年で軌道に乗せよう！」

「牛丼さえあれば」は最大の敵

2004年2月10日、いよいよ米国産牛肉の在庫が切れ、牛丼が消えるという前日、日本各地の吉野家では、最後の牛丼を食べようというお客様が殺到しました。感傷的になっている店長たちの姿もありました。

こうまで吉野家を支持してくれるお客様に牛丼を提供できないことに、私も忸怩《じく》たる思い《じ》でしたが、先述のように、経営的にはまったく悲観していなかった。私が一番心配したのは、牛丼という吉野家のシンボルが消えることで、社員の気持ちがバラバラになることでした。

倒産の時の原因は、一気呵成《いっきかせい》の大量出店による店長の質の劣化、そこに味の劣化、値上げが加わったと先に述べましたが、実はそれだけではなかった。底の底にあった原因は、組織が分裂し、一人ひとりが違う方向を向いてしまったことにあると感じていました。

経営陣の意見がバラバラで、ある者は自己保身に走り、またある者は失敗を他人のせいにする。お互いがお互いを信用しなくなり、批判しあい、責任のなすりあいが始まる。こうなると、組織が土台から腐っていきます。

吉野家に限らず、会社がダメになるのは、特定の誰かのせいではない。会社という組織が自ら、組織をダメにしていくんですね。

どんな緊急事態においても状況認識と気持ちを共有し、未来に向けて一つの方向に向かっていれば、組織が決定的にダメになるということはない。ですから、私は記者会見の時のことを、社内報で社員全員に謝りました。原文のまま掲載します。

テレビで放送された記者会見の中でも誤解を招くような箇所がありましたので、

この場で訂正させてください。私の発言の中でも「私が生きている間に、これ以上の障害は訪れないだろう」という部分だけがクローズアップされてしまいました。ここだけ見ると悲観論のように思えたかもしれませんが、実はこの発言には続きがあります。

「しかし、こういう状況にあっても当社の従業員はひるむことはありません。いつも以上にいきいきと精力的に活動しています」

「今までの当社の歴史を振り返ってみると、ピンチを必ず次の飛躍への契機にしてきました」

という話が続いたのです。編集でカットされていましたが、本当に言いたかったのはそこでした。

（社内報臨時号2004・1・15）

言わなくてもわかってくれている人は大勢いたはずですが、当時、すでに吉野家の従業員は2万人もいましたから、誤解を生まないためのフォローは大切です。

「あのとき言葉が足りなかった」と悔やむようなことから亀裂が入り、穴が開き、崩壊へとつながっていく。一見ガサツに見えても人間は皆、どこかデリケートな生き物なんですね。

こうして、牛丼販売停止後も社員一丸となって頑張ったのですが、2004年の上半期は吉野家単体で27億円の赤字でした。

米国産牛肉が入ってこない影響を受けたのは吉野家だけではありませんが、同業他社では、牧草飼育の豪州産や中国産の牛肉を使って牛丼を再開し、売上げを何とか維持しようとしていました。

お互いの店は近くにありますから、「うちのお客さんをとられた」と、動揺する店員たちも出てきます。正直に言えば、瞬間的には私自身も「牛丼をやりたい」という気持ちになることはありましたね。「うちがやればあんなもんじゃない。米国産でなくてもそれなりの味の牛丼は作れるんだ」という自負もありましたし。

それでも米国産牛肉にこだわったのは、「牛丼を売ればいいのではない。『吉野家の牛丼』というブランドを売っているのだ」という信念があったからです。

松田さんと吉野家の社員たちが作り上げてきた吉野家の牛丼は、1日80万人もの人たちに食べていただいている。であれば当然、私たちの使命は、それを捨てて別の牛丼を生み出すことではない。これほどまで支持されている「吉野家の牛丼」を継承し、信頼を永遠のものとすることです。

ですから、牛丼に近いメニューとしてそれなりの評価をいただいた「豚丼」も〝似て非なるもの〟ですから、最初はやりたくはなかった。ただ、やはり牛丼に代わるメイン・メニューを望む声は強くありましたから、休止期間が長引くなかで新メニューに加えたわけです。

2004年3月以降は、この豚丼に「角煮きのこ丼」「牛鉄鍋膳」、この年の暮れには「牛焼肉丼」、2005年には「牛焼肉定食」「豚生姜焼定食」「鶏炭火焼丼」と、いろいろやりましたね。

牛丼がなくても経営が揺らぐことはないのは確信していましたが、初動のところで不安に思う社員が出てくるのはわかります。だから、あえてメッセージしました。

「大丈夫、先輩たちのおかげで1年や2年、全店が店を閉めても君たちの給料は払えるから」

さらに、こうも言いました。

「いつ輸入が再開されるかという〝待つ心〟、ああ牛丼さえあればという〝依存心〟、これが最大の敵だ。そんなものを捨て、当面の軌道に乗る活動に集中していこう！」

新メニューに切り替わって半年後には黒字を達成します。社員たちの力を結束すれば、たとえ牛丼がなくとも吉野家はやっていけることが実証されたわけです。これはその後の大きな誇りになりました。

「アッタマきた！」

米国産牛肉の輸入再開については、観測が外れたところがあったのは事実です。当初は輸入禁止も長くて半年だろうと思っていました。実際には、その半年が、あと半年、さらにあと半年と、先送りされましたから。

２００５年12月、米国産牛肉が輸入されなくなって2年が経過しようとしていた時、やっと日本政府は輸入再開を決定しました。

これを受け私たちは、早速牛丼再開の準備にかかり、年が明けた２００６年２月11日から牛丼発売を計画していました。ところが、1月20日になって、ストップがかかります。

この日、ＢＳＥ対策として除去が義務づけられているはずの脊柱《せきちゅう》が混入した米国産牛肉が、成田空港の検疫所で見つかった。またしても輸入再開はお預けです。

「アッタマきた！」

この時ばかりは、社の内外に声を上げましたね。「仕方がない」とか「我慢しよう」といった言葉では、現場の気持ちが折れてしまうかもしれない。それで、とっさに彼らの気持ちになって叫んだ。

トップの言葉は下に伝わっていく過程で増幅していきますから、初動のメッセージを誤ると、社内に失望とストレスだけが広まってしまう。事前準備でそれまでの鬱憤《うっぷん》を晴らそうと、思いっきりエネルギーがたぎっていましたから、いきなり冷水を浴びせかけられ、感情の持って行き場がありません。

「バカなことをしやがって」という憤懣《ふんまん》やるかたない現場の気持ちは痛いほどわかっていましたから、その気持ちを晴らし、切り替えてもらうには、まず私が怒りを表さなければならないと思いました。

実際には、私自身が叫びたかった部分も大いにあります。しかし、それで現場の怒りが少しでも収まり、気持ちを落ち着かせる方向に向かってくれたらという思いで言った言葉だったと、まあ、そうい

1日だけの牛丼復活にできた行列

2006年2月11日の牛丼復活祭で配るはずだった幻の手ぬぐい

うことにしておいていただけると幸いです。（笑）

復活の日

「アッタマきた！」から８カ月後の２００６年９月18日午前11時、ようやく、牛丼復活の日が来ました。吉野家から牛丼が消えた日から数えると、９５０日ぶりのことです。

それに先立ち９月４日と５日には、東京と大阪で東西の店長を集めた牛丼再開に向けての決起集会が開かれました。

その時の私の言葉の一部が記録に残っています。

いよいよ９月18日11時、９５０日ぶりに牛丼が復活します。値段は並盛３８０円、大盛４８０円で、１００万食の限定発売です。（中略）

再開にあたっては、クォリティ、サービス、クリンリネスのすべてが重要ですが、そのなかにおいても最も優先すべきは「牛丼の味の再現」です。特にクォリティにこだわり、あわてずていねいに、確実にうまい牛丼を提供してください。

禁輸は一過性のこととして、私たちの望むテイストを提供するため、アメリカ産牛肉を2年半待ちました。社会は「吉野家は自分たちが納得のいく牛丼を出してくれるだろう」と注目しています。私たちにとって、スピード感は習性になっていますが、ほんの少し時間がかかってもいい。だから、一杯残らず、誇りを持ってうまい牛丼を提供してください。ことさら観念を据えて、自分と皆に言い聞かせ、実行してください。それが経営陣の願いです。

すべての準備は着実に進んでいます。しかし、世の中にはまだアゲインストの風が吹いているのも事実です。

私自身、この風に対し、時にはくじけそうになったことも、突っ張ったこともありました。ここまで生きてきて「自分にはこんな面に荒《すさ》んだもあったんだ」と改めて発見することもありました。

そのようななか、皆さんは、歯をくいしばって黒字化を果たし、ここまでやってくれました。本当に感謝しています。

当社は先達から連綿と受け継がれた理念に従い、主張し続けてきましたが、吉野家の活動が正しかったと評価され、正義の主張とするためには勝たなければなりません。私たちは全力で挑んでいかなければならないのです。

新たなステージに向けて、ともにがんばっていきましょう。


（社内報2006 September）


この時、全国の店長を前に紹介したのが、本書の冒頭で紹介したお客様からの200万円の寄附とそれに添えてあった手紙でした。

匿名のお客様からの励ましに、皆が心を熱くしたことは言うまでもありません。牛丼の輸入停止から復活までの2年9カ月は、悔しい思いもありましたが、この間に挑戦したこと、経験したことのすべてが私たちの誇りとなり、力にすることができた。

この時、牛丼が提供できないという大きなピンチを克服する吉野家であり得たことを忘れてはならないし、若い社員たちに伝えていかなければならないと思っています。

再開の朝、開始時間の10時には、全国で開始を待つお客様の行列ができました。店長からの「牛丼を再開します！」の宣言で始めましたが、すべての店で、お客様からの拍手が巻き起こりました。

店長はじめキャスト（パート、アルバイトの人たちの呼称）の全員が、こみ上げる感動を抑えきれず泣いていました。皆にとって当たり前だったはずの「牛丼を提供する」ということが、こんなにも嬉しくも尊いことなんだということ、お客様に尽くす＝For the Customerの理念を、身をもって実感した日でもありました。

ついに迎えた牛丼復活の日（2006年9月18日）

得体の知れない化け物＝輸入反対運動

牛丼休止の2年半、社内では牛丼抜きで軌道に乗せることに全力を注ぎ、経営に没頭することができましたが、一方で、早期再開を促す業界の代表のような立場になってしまいました。

不安を煽るメディアの誤解と偏見から社会不安が起こり、安全性についての正しい議論と対策への正しい取り組みは置き去りにされたまま、BSE問題はいつの間にか、政局のテーマになっていました。こうなると反対のための反対運動も広がり、結果的に私は、早期再開を求める業界と利用者の代弁者、シンボルのような存在となっていたのです。

吉野家は待つ心を抑え、依存心を捨て、ひたすら新しい挑戦に邁進《まいしん》していましたから、貿易問題は国に委ねるのみという姿勢でしたが、いざ業界の代表として活動するとなれば、米国産牛肉の数千万人の利用者（お客様方）、そして焼肉屋さんやステーキハウスなど数十万人の雇用を抱える事業者へ向けては、早く解決してあげなければなりません。社会の誤解、偏見を解くための闘いは、経験したことのないストレスでした。

いずれにしてもこの問題は、食品の安全問題ですから、明確な安全条件を設け、危険性を排除しなければなりません。そのための基準作りは、世界中で（特に発生地域の欧州では）早くから研究と対策が進んでおり、この知見と対策が国際的な専門機関ＯＩＥ（国際獣疫事務局）の標準基準となっていました。

一度、ＮＨＫの「ニュース９」に当時の亀井農水大臣（故人）と出演した（なぜか別々の部屋でインタビューし、放送）ことがありました。

その時、私は初めて、「安全性は科学的に物差し（基準）を設け、徹底的に順守させるよう管理すべき。一方、安心は情緒の問題で人それぞれのため、基準の作りようがない。不安だからといって排除するのは不条理である」、そして「ＢＳＥの健康被害対策は、①体の４カ所のみに蓄積する危険部位を除去する　②ＢＳＥの感染タンパクが蓄積しない20カ月齢未満の若齢牛に限る」の２点を対策すれ

キャロライン・ケネディ駐日アメリカ大使と、日本フードサービス協会のパーティにて

ば、リスク排除できる。それが世界標準であると主張しました。

しかし、政府と当時の農水省は、2000年9月に国内で発生した時に、パニックを沈静化するためにとられた対策「全頭検査」を唯一の対策とし、これに依拠していました。実はこれによる安全対策としての有効性は世界中でも認められておらず、予算だけを膨大にとる日本だけの特殊な「安心対策」だったのです。

この時の経験から私は、いくら論理的に正しい主張をしたとしても、それによって説得ができない、合意が得られない社会システムというものがあることを知りました。

この間の私は、「得体の知れない化け物」との果てしない闘いに引きずりこまれているようで、生まれて初めて経験する最大級のストレスでした。

ただ、業界の活動は苦しいことだけでなく、素晴らしい出会いももたらしてくれました。

その頃、日本フードサービス協会（ＪＦ）の副会長を務めていた私は、協会活動としてもさまざまな団体や専門家と連携して政治・行政との間に横たわる問題や課題解決に当たりましたが、この時、ＪＦ加藤一隆専務理事（当時）の献身的な働きに、業界とお客様方を守ることへの大いなる熱意を感じました。

のちにＪＦ会長として業界発展への協同活動が彼と一緒にできたことは、私にとって有難い歴史の副産物であったことを、ここに記しておきたいと思います。

第六章
吉野家の「不思議」にお答えします

「単品を貫いた」理由

ここまで、私自身と吉野家の関わりの歴史を綴ってきました。

他人にこういう話をすると、「不思議な会社ですね」と言われることがあります。吉野家以外の会社に身を置いたことがない私にとっては、不思議でも何でもないのですが、吉野家にはそういうところがあるようですね。

そもそもアルバイトから組織のトップにまで駆け上がったという私のストーリー自体が、普通じゃないと言われるのですが……。

私に特別な才能があったわけではなく、素晴らしい人たちに導かれてのことですが、今の河村社長をはじめ経営陣も多くがアルバイトからですし、吉野家では不思議なことではありません。私に言わせれば、そういうことが起こらない会社がむしろ不思議に思えたりもします。

まあ、不思議と言われるからには、少数派なのでしょう。今は他のメニューもありますが、ほとんどは牛肉を使った牛丼の派生商品で、元来単品でやってきた。そのあたりから吉野家は稀ですから。

一般常識で言えば、単品ではお客様は「飽きる」。「飽きるから増やす」、「飽きるから変える」ということになっています。だから普通は、商品をなるべく増やしていこうとする。商品が一つだけというのは不安要素なんですね。

つまり、一時的にヒットしたとしても「飽きられる」という不安ですが、吉野家の発想は逆で、あえて言えば「吉野家の牛丼は飽きられない」という商品作りにすべてを賭けてきた歴史でした。

松田さんが生み出した吉野家の牛丼はそれほどすごい発明だったと私は思っていますが、それでも味が落ちた時には客足が遠のいた。その反省から品質最優先、品質本位を継続しています。

お客様も時代によって変化しますから、基本は変えないけれども、そこに何を加えるか（あるいは引くか）を考え続け、お客様により満足をしてもらうためだけに少しずつ改善していく。

近年で言えば、熟成肉。従来よりも肉を冷凍庫から2週間早く熟成専用の冷蔵庫に移し、温度を調整しながら寝かせることで旨みが増し、食感もよくして提供することができるようになりました。

単品のデメリットは理解しつつ、しかし、だからこそ生まれるメリットがあります。

多品目を扱っていたのではあれだけの数はできませんから、味の追求も、安さの追求も弱くなる。研ぎ澄まされたクイックサービスも、チームフォーメーションを含めた合理的なスキームと高い生産性も、牛丼単品という思想あってこそ成立したもので、これらすべてが合わさって吉野家のバリューを作り出してきたわけです。

つまり、そのような他にない価値を提供することでお客様に満足していただくことこそが私たちの目的であり、何が何でも単品でいくという観念的な単品主義とは違う。単品は、吉野家の価値を生み出す手段であり、道具立てだったんですね。

牛丼に集中できますから経営戦略も深くなるし、社員の商品に対する情熱はどこにも負けない強固なものになるのも単品のメリットでしょう。一見弱みと見える商品の幅のなさを、深さを追求することで乗り越えると言うと、格好良すぎますが。（笑）

事実、ＢＳＥ前は1店平均客数７００〜８００人、月商平均1千万円、決算も利益率15％前後をコンスタントに稼ぎ出すなど、他に類のない市場占有率と収益性を誇っていました。

ともあれ、吉野家は牛丼という単品の強みをとことん磨くことで、ここまでになった。この原理と原点を忘れてはならないと、私は強く思っています。

「アルバイトから社長」も生まれる理由

「末端の現場の店員にまで、どうやって社員教育を徹底させるのですか」という質問をよく受けますが、吉野家の場合、人材の募集法や育成法が一般の会社と比較したら、ちょっと変わったところかもしれません。

まず、吉野家への入社の道には2通りあります。ひとつは、いわゆる「新卒」という門をくぐってきた大学卒の社員、そしてもうひとつは、「中途採用」という門から入ってきた社員。この中途採用のなかには、アルバイトから採用された者が多くいます。

一流大学を出て、吉野家の入社試験に通った者はそれだけ努力したということでしょうし、ポテンシャルの高さも期待できますから、社として未来のために一定数は欲しい。ですから、「新卒」と「中途採用組」のスタート地点には差があります。しかし、学歴がものを言うのはスタート地点だけです。

100メートル競走で、スタート地点に10メートルの差があったら追いつくのは大変ですが、マラソンなら数十メートル差は何でもない。会社は短距離競争ではありませんから、我が社の中途採用者のなかには、じりじりとその差を縮めていく者もいますし、なかにはたちまち追いつき、追い越す者もいます。

社員としてスタートした後の人事評価において、学歴は一切関係なし。「彼はどこの大学を出たか？」などと聞くことはありませんし、社員の履歴書を見ることもない。見るとしたら、入社後のキャリア履歴であるヒューマンイベントリーカードのみです。

ですから、学閥など生まれようもなく、すべては入社後の実績と能力で決まっていく。スタート地点に差があったとしても、気にするほどのものではない。会社に入ってからも何を勉強し、体験の学習をどう活かすかだけがその人の未来を創っていきます。

広く言うと、入社後に何か会社に貢献があったとしても、いつまでもそれが続く保証はない。一方で、何か失敗があったとしても、それを長期に引きずるわけでもない。要は〝今〟活躍するか貢献するかが大事なことであって、過去の栄光に酔っている暇はないし、過去の失敗を引きずることもナンセンス。未来に向けて〝今〟どう前に進むかが大切なのだと思います。

「1年目店長もあり」の理由

実績と能力によってのみ評価すると言いましたが、吉野家の場合、その評価の仕方は極めてわかりやすくなっています。

新入社員が入社すると、吉野家ではまず、全員、現場すなわち店舗で働いてもらいます。

吉野家本部の各部門はすべて「お客様のための店」のサポート、あるいはリードするための役割を持った機能体ですから、のちにどんな部署に配属されるにせよ、まずは吉野家という店がどういう仕組みで活動しているかを経験し、理解していないと困るからです。

現場の経験を積むなかで優秀と認められた者は、早々に店長になる者も出てきます。

そうした人事を決めるのは、店長の上のエリア・マネジャーで、「あいつは若いが、リーダーにふさわしい」と彼らが判断すれば、決まりです。

この段階ですでに学歴は一切関係ありませんし、1年目でも店長になれるのですから、年功序列もありません。要は、リーダーにふさわしいかどうか、それだけです。では、店長に抜擢する場合、何を判断基準にするのか。

もちろん、人をまとめたり、店全体を常に把握して的確な指示をするといった能力は大事です。さらに、不断の努力と上司の指示に対する理解力とそれに伴う行動力、目標設定などに取り組むことが求められます。

そういう面では、論理的に思考して、数字を用いての理解力は必要ですが、まじめに取り組んでキャリアを積めば修得できることですから、興味を持って取り組むことで着実にスキルアップしますし、向上することがさらに面白みを生みます。

伸びが止まるのは、イヤイヤ取り組んでいる時ですね。つまり、仕事を面白くするか、つまらなくするかは本人の心掛け、取り組み姿勢次第です。

こうして、1年目の社員が店長になったとします。すると評価の基準は、より明確になります。

売上げの伸び率や労働生産性をはじめとする営業数値等を毎月出して客観評価するわけですね。いかに向上させたか、そして店員たちも以前に比べてよく働き、組織ワークもよくなったとなれば、当然評価は上がります。

そうなれば、より大きな店の店長になり、さらに経験を積んで、その上のエリア・マネージャーになっていくというステップですが、新人でも主婦店長でも、月次評価の結果で毎月表彰されるチャンスがあります。賞与や昇給率も月々の評価の集積が影響し、同期入社でも、数年で差がつくことがあります。

そして何年か後にエリア・マネージャーになれば、今度はそのエリア7〜8店舗の業績で評価をする。そこでも実績を上げ、他の職能への期待が出れば、本部で別のキャリアスタッフへの登用もあり、やがては営業部長や取締役、社長にだってなる可能性は全員持っているわけです。

平たく言えば、吉野家における出世は、皆が納得するような結果（数字）を出したか、そして部下を育成したかどうかでだいたい決まる。仕事はそこそこだけど、誰それの派閥にいたから出世したなどという話はあり得ないし、だいたい派閥というもの自体、発生しない。

「アルバイトから社長になった男」などと、私のことを書いてくれるマスコミもありますが、それは、松田さんの時代からやればやっただけの結果を報酬や新しい仕事の場を与えるチャンスが用意されるという、わかりやすさがあったからこそあり得た話だと思います。

吉野家という会社文化にあっては、アルバイトから社長になることは、決して不思議でも何でもありません。不透明な要素は一切なく、可能性は学歴、性別、思想、宗教、民族、一切の差別を排して全社員に漏れなく平等に与えられている。これが吉野家の良き伝統だと私は思っています。

「なぜですか?」を良しとする理由

もう一つ、吉野家に不思議なところがあるとしたら、上司との見解に違いがある場合の疑問解消でしょう。

私は機会があるたびに社員に、「わからない時は『わかりません』、方針への見解が違う時は『私はこう思う』と言いなさい」と奨励します。

疑問のままで放置すると、それは「不満」に化ける。異なる見解を各々が表に出すことで、改められることや理解が深まることもある。そういうことをもって、コミュニケーションと言います。でも、決めるのは上司なので、決まったことには全力で従う。そういうメカニズムが風通しを良くして、前向きな空気を醸し出すのだと思います。

だから、「なぜですか?」「わかりません」は日本文化では馴染まないのですが、うちでは良しとします。今のリーダーたちも共通して、若い時は、疑問を放置せず、言わば、先輩・上司にしつこく食らいつく生意気な若者だった人たちです。

ですから、会社の方針やあり方にどうしても納得がいかない、何度、上司と話しても埒《らち》があかないし、それでも自分の意見が正しいと信じるならば、さらにその上の上司に「なぜですか？」と意見具申しなさい、とも言います。

ひょっとしたら、最初の上司と言葉の齟齬《そご》があったかもしれないし、自分の誤解や偏見で説明を正しく解釈できていないかもしれません。だとすれば、さらにその上の上司の丁寧な説明によって、「なるほど、そういうことですか」と納得に至るかもしれない。

それでもまだ、上司の言うことに納得がいかなかったら、「私のところに来なさい」とも言ってきました。

できる限り、若い人の主張に耳を傾けてきたつもりです。誰であろうと聞くに値しないとは思いません。大事な意見が聞けるか聞けないかは聞いてみなければわからないし、何より、納得がいかないまま仕事をしている人をなくしたかった。

話を聞いて、上司の命令を間違って解釈していると思えば、その命令の意味をできるだけわかりやすく説明してあげる。意味を正しく理解し、それでもなお命令を聞きたくないというなら、その時は仕方ありませんが、言葉には思い込みや勘違いが付き物ですから、大抵は「わかりました」となります。

本音を言えば、私は企業のトップとしては物分かりが良すぎた面があった。質問があれば、言葉を尽くして説明しすぎる傾向があったと思います。

松田瑞穂さんは創業者ですからワンマンで、何をやるにもほとんど理由を言わない。「すぐに反応しろ！ うだうだ言ってないで直ちに取り組め！」という人でした。と言って、その場の気分や思いつきで理不尽なことを言うのではない。その裏には松田流の理屈がきちんとあって、それがわかった時には人を唸らせるような深みがあった。

ただ、二章で紹介したように、松田さんの言葉は格言のようにズバッと一言ですから、すぐには理解ができません。それで私は、松田さんの言葉を自分なりに解釈し、部下に説明する翻訳役をいつもしていた。その癖で、噛《か》んで含めるような言い方をするようになったのかもしれませんね。

体育会系の上司はともかく、私の言っていることがさっぱり理解できない社員はあまりいないだろうと、そこは少しばかり自信がありましたから、納得がいかない社員がいたら、社長に議論を持ちかけてきてもいいと言っていたわけです。

「言葉の定義を徹底する」理由

吉野家は、よく目標を立てる会社だとも言われます。社員一丸となって仕事に邁進するために目標を立てるわけですが、ただ、目標を共有するのは意外に難しい。目標で大事なことは、「数字」と「ゴールの姿」です。

同じ言葉を受け取っても、人によって解釈がバラバラということはよくあります。そのとき言葉に数字が伴えば、共通の解釈に行き着けます。そうすることで論理は共有できます。さらに、共有を共感に高めるためには、到達する景色を想像することでワクワク感や意義を実感し、エネルギーが湧いてきます。

しかし、社員のベクトルを一致させるためには、社内で使う用語の定義をはっきりさせることが必要になります。

吉野家の場合、ビジネスの現場は全国各地から海外にまで広がっていて、均一なサービスが求められますから、ちょっとした解釈の違いが現場レベルで大きな違いを生んでしまうことがあってはならない。そういう意味で吉野家には、伝統的に「用語を共有する」文化があります。

たとえば、そのためのテキストとして、『チェーンストアのための必須単語1001』（日本リテイリングセンター編著）という手帳サイズの冊子を使っています。チェーンストア関係者のための用語集ですが、辞書的な意味が羅列してあるのではなく、一つひとつの単語がチェーンストアの経営戦略上、あるいは実務上どういう意味を持つのかが、時に思想的と言っていいくらいの書き方で記されています。

たとえば、「リーダーシップ　leadership」という単語はこんな具合です。

〈権威のこと．統率力のことではない．

権威があるとは、他人に敬服され、信頼されることである．権威は上から与えられるものではなく、達成されるものでもない．しかも、権威がくずれるときは、いっきょにくずれる．チェーン・ストアでは、リーダーシップのある人間にしか権限をもたせてはならないとされている．だから、リーダーシップのある人間を見つけて、権限をもたせなければならない．

このリーダーシップのない人間が、組織上権限をもつと、組織は動かなくなり弊害が続発する．日本でチェーン・ストア組織論がなかなか普及しないのは、年功や熟練や知識だけで、リーダーシップのない人間に、権限を与えるからである．チェーン組織論の背骨がこのリーダーシップである．」（71版より引用）

松田さんの時代から、私たちが徹底的に読まされ、句点に至るまで正確に覚えさせられたテキストですが、首尾一貫してチェーンストアに携わる者の視点で書かれていて、一般的意味合いなど、曖昧な要素を極力排除しています。皆がこれを正確に記憶することで、吉野家では、この言葉はこの意味に限定して使うということが徹底される。

吉野家のように従業員の数が多く、広域に広がる会社には、とくに必要なことだと思っています。

「券売機がない」理由

「なぜ吉野家には券売機がないのか?」

これはよくいただく質問です。不思議に思われるのだと思います。

これまで券売機は不要だと思ってきたからという単純な理由ですが、不要だと思う理由はそれほど単純ではない。あえて言えば、吉野家の1号店である築地の伝統を守りたいからでしょうか。

築地1号店のお客様は築地市場で働く人たちでしたから、決まった顔ぶれです。しかも、彼らは魚河岸で働いていて大変忙しい。牛丼はそんなお客様の小腹を満たす食事だった。

そこで、二章でふれたように、「うまい、はやい」(「やすい」はチェーン化してから付加)が吉野家のモットーとなり、肉だけ大盛りの「あたまの大盛り」、肉の脂身部分を抜いた「トロ抜き」など、お客様好みの牛丼を即座に食べていただくことで繁盛したのが、吉野家の第一歩です。

「吉野家に行くと、俺、何にも言わなくても、牛皿定食が出るぞ。見ててごらん」と得意になって、お客様が友だちを連れてくるような店にしたかったのが、狙いでした。

このスタイルを、私も最初に赴任した新宿の小型店（当時、一番売上げの低い店でした）で励行しました。お客様を得意にさせる。これを「お得意さん」とか「得意先」と言うのだそうですが、初期の吉野家は、そうしたお得意さんばかりで粋な活気に満ちた店でした。

当時の私は、お客さんが持つ湯飲みの角度にまで注意を払っていました。だから、今でもどこかに、お客さんと店員の間にそうした関係を持ちたいと思う気持ちが強いんですね。

もちろん、そうした江戸前の粋な空気感や人間関係は、築地という親密空間だからこそ生まれたものです。不特定多数のお客様を相手になかなかそうはいきませんが、その片鱗は残したい。ほんの少しでも築地店の空気感を残すことができれば、お客様も何かを感じ取ってくれるに違いない。そんな気持ちがあるんですね。

吉野家に来店されるお客様の期待は、「うまい」はもちろんですが、すぐに熱いお茶が出てきて注文を聞いてくれる、テーブルが汚れていたらサッと拭いてくれる、数十秒後には牛丼が運ばれてくる、お茶が減ったらお代わりを持ってくる、そういうことがあると思っています。

一方、吉野家側としては、単品だからできる徹底したクイックサービスによって生産性の高い商売が成り立つわけですから、「おもてなし」というレベルの接客は到底できません。

お客様に声をかけるのは、来店時の「いらっしゃいませ」、注文時の「何にいたしましょうか」、会計時の「○円のお返しです。ありがとうございました」といった3回程度で、あとは素早い気づきと応対でお客様をほったらかしにしないということです。世間話をしてはいかんといったことはありませんが、お客様はそんな期待はしていません。

券売機がなくてもその程度ですから、券売機を入れたら会話はもっと減る。そこに券売機の無機質感が加わると、築地、江戸前の「粋」というような空気が失われてしまう。それが嫌だったわけですね。

ただ、これはわがままかもしれません。券売機にすれば注文や会計の時間が短縮できますし、金銭管理をする必要がないので効率的なのはわかっています。さらに今の時代、他人とあまり会話したくないので、券売機がない店を嫌がる人も増えている。お金を触ることによる衛生面なども考慮すれば、これから先どうなるかはわかりません。

実は、吉野家でも券売機のテストは何度かやったことがあります。上がってきたレポートには「券売機を入れたほうがいい。入れない理由はない」となっていましたね。

効率だけを考えれば当然そうでしょう。ただ、それではお客様をどこか裏切ることにならないか。券売機を入れた瞬間に、吉野家が吉野家でなくなってしまうような気がしたんですね。

その会議の時だけ、私は初めて合理性の欠片《かけら》もない結論で終わらせてしまいました。（汗）

「わかった。有効かもしれないが、それは次の社長の時まで取っといてくれ。俺が社長の間は、合理的ではないが、やりたくないので（空気を大事にしたいので）やらない。実験に携わったメンバーには申し訳ない」

こんな結末でした。

この時のことは忘れていたのですが、後に、現・河村社長から「当時、自分は企画スタッフで会議の進行とサマリーを担当していましたが、あの発言はある意味、わかりやすい結論でした」と言われ、思い出したことでした。

3・11——その時、私たちは

2011年3月11日、14時46分、三陸沖を中心に国内観測史上最大の大地震、いわゆる東日本大震災が発生しました。

津波や火災により多くの被災者が出たことは皆さんご存知の通りで、東北地方にある吉野家各店でも多くの被害が出ました。

その時、私たちが何をしたか。記録が残されていますので、ここに紹介させていただきます。

私（安部）は、大地震発生直後に、想定される緊急事態に対応するため、吉野家緊急対策本部を立ち上げました。

そして、第一にわが社の人的被害状況の確認を急ぎました。事業推進本部が中心となり、迅速な情報収集を行った。その結果、２名のアルバイトが安否不明だということが判明しました。建物の下敷きになったか、津波にさらわれたか、本部には緊張が走りました。

次に、店舗の状況確認です。全壊または半壊の場合、再開は無理ですが、そうでない店はすぐに再開させたかったのです。吉野家は、市民の暮らしに密着した「市民生活インフラ産業」ですから、営業を継続することが使命ですから。

私は、対策本部から全社員に向けて、こう発信しました。

今回の緊急事態の際の行動の基本的な考えとして、次のことを徹底してください。

まず、状況が刻々と変化します。それに応じて、状況判断も刻々と変わります。対策本部の各機能体は、即応態勢で非常時用組織ワークが求められます。他部門とのアイコンタクトで動くくらいのフットワークが不可欠です。

いまこそ、吉野家の強みである、「継続力」と「機動力」を発揮して、我々の使命を果たさなければなりません。

それは、営業の継続、損なわれた機能の正常化、休業からの早期再開、そして、何より、被災地で困っておられる人々への、熱い、作りたての牛丼の提供です。

被災地の人たちに「食」をお届けすること、それが私たちの使命なのです。

国内史上、最大規模の自然災害ですが、万難を排し、総力を挙げて、使命を全うしましょう！

店の営業の再開も重要でしたが、「とにかく一人でも多くの被災地の方々に、温かい牛丼を」をモットーに、3台のオレンジ・ドリーム号という専用トラックによる炊き出しが迅速に始まりました。

そして3月17日、本社で出陣式が行われました。メンバーの人選は全国から希望者を募りましたが、全員から手が挙がり、結局、営業部長の指名になってしまいました。

彼らは宮城県石巻市に入り、1台あたり、約1000食の炊き出しを毎日実施しました。また、別の1台も入り、1日あたり3000食の牛丼を避難所の人たちに配りました。

ご飯を全部提供してしまったので、自分たちが食べる分は1粒の米も残っていなかったと聞きましたから、本当によく頑張ったと思います。

もちろん、東京を中心とする首都圏の各店舗も大変でした。さすがに倒壊はなかったものの、公共交通機関の乱れによる従業員の出勤の困難、外国人アルバイトの帰国などにより、緊急的な人員不足が起こりました。

そのため、大阪・名古屋より25名、第一営業本部より30名、工場より4名など、本社社員も含めて、かなりの員数が首都圏の営業にも出動したのです。

吉野家の社員は皆、店を経験していますから、手早く飯盛り、肉盛りをしてお客様に出すくらいのことは誰でもできます。しかしあの時、困ったのは電力の不足による停電でした。地震の影響により、電気の供給力が急激に低下。以降、計画停電が続きました。

そこで、吉野家でも節電対策をすぐに行いました。郊外店の場合、夜間のポール看板は消灯しますが、イン看板、店頭看板は点灯、その他、エアコンはお客様の迷惑にならないように使用を中止しました。

そして、ご来店のお客様には「地域全体の停電が始まりました」と言葉掛けをするよう徹底させました。電卓とつり銭も用意し、レジが開かなくなった時の対応もしておきました。

そして、基本的なスタンスを「可能なかぎり営業を続ける」、「停電時でもガスの供給は止まらないので、牛丼の提供は継続」としました。

対策本部には、次々と情報が入ってきました。

3月13日の時点で、北日本吉野家では76店舗(青森7、岩手7、秋田7、山形5、宮城34、福島16)が店を開けられません。第一営業本部では27店舗(茨城18、群馬2、栃木4、埼玉3)がダメです。首都圏の第二営業本部も55店舗(千葉6、神奈川6、東京43)が閉店です。

これだけでも158店舗が閉店を余儀なくされていますが、まだ、連絡がまったくとれない店舗もあり、これから増えることが予想されました。

そして、3月16日の時点で、北日本の閉店状態は変わりませんが、公共交通機関の乱れがやや落ち着いたせいか、時間帯を越えて従業員同士が助け合い、首都圏店舗の多くが営業を再開できました。

また、行方不明だった2名のアルバイトの無事が確認されると、対策本部では拍手が起こりました。

3・11の影響は今でも各地に残っています。ただ、被害を受けた吉野家の店舗は早い段階で営業再開ができ、お客様を迎えることができました。私たちにできることは何とかやれたような気がしています。

第七章

吉野家のＤＮＡ

吉野家が吉野家であるために

比較すべきは、相手の長所と自分の短所

リーダーについて話す時、私は、松田さんがいつも口にしていた言葉をよく使っています。

「たいていの人は、自分の長所の部分と相手の欠点を比較している。それでは上司がバカに見えて不満が募るし、部下を育成することなどできないし、市場の変化に適応できない」

松田さんは、よくこう言って戒めていました。至言だと思います。

自分の長所と部下の短所を比べたら常に自分が勝りますから、「バカだなあ、どうしてそうなるんだ。私だったらこうするのに……」となります。これでは部下の能力を伸ばすことはできません。

むしろ比較すべきは、自分の短所と相手の長所です。

私を含め、どんな人間にも短所はあります。性格的なものもあれば、思考や言動の悪い癖もあります。誰しも自分の短所には寛容になりがちですが、他人の短所は目につく。自分の仕事と直接関わってくる部下の短所は余計に目につきますから、つい自分の長所と部下の短所を比べることになる。これがいけないと、松田さんは言ったわけです。

逆に、相手の良いところはどこかと考えてみる。少し元気が足りないところが短所と見える人でも、思考力があって物事を深く考えられる長所を持っていたりします。常に長所と短所は裏表なわけで、長所だけの人もいなければ、短所だけの人もいない。いわば個性です。

自分にない長所を部下が持っているとわかれば、それが仕事に生きるように上司が導く。そうなれば、部下は上司である自分の短所を補ってくれますし、自分の改善点を見つけることもできますから、仕事に好循環が生まれ、いい結果を生む。少し考えればわかることですが、自分に甘くなるのは人の常ですから、実践はなかなか難しい。だからこそ、松田さんのこの言葉には価値があるのです。

吉野家の社員一人ひとりは、会社のためという前に、お客様のために存在する。そのことを忘れなければ、どんな個性も必ず生きる道はあると思っています。

リーダーに望まれること

常に前進し発展していく企業では、そこで働くすべての人間が、企業を発展させるために機能しています。そして、すべての人をより高い次元で機能させるように導くのがリーダーの役割です。

そのために必要なリーダーが心掛けることとして、次のようなことを挙げたことがあります。

① 常に上位者の位置にいるつもりで思考し、自分の解釈が偏っていないかどうか、俯瞰的に客観視する姿勢を持つ

②　上には苦言、下には厳しさ。どちらからも煙たがられるくらいでないと、自分の役目を果たしていない

③　会社が共有すべき思想を、日常の仕事における局面や状況で、実務を通して伝えていくことが文化の継承であり、お題目の連呼ではない

④　一生懸命に仕事していると、視野狭窄《きょうさく》になるので、外部の意見に耳を傾ける

⑤　組織はリーダーの人格、能力を超えられない。だから、自己を高める不断の研鑽が求められる

⑥　皆が誤解せずに命令の内容を共有できるような、わかりやすいメッセージで伝える

こうした言葉が出てきたのは、松田さんの影響も含めて、すべて吉野家で経験したさまざまな成功や失敗の体験があったからです。

私が入社した頃の吉野家はとにかく若い人が多く、倒産、更生という経験をした頃には私もまだ30歳でしたが、同じ年頃の従業員たちからいろんな相談を受け

ていた。

なぜ自分がそういう立場になっていったのかと考えてみたのが、①の言葉です。たとえば自分が店長だった時は、その上のエリア・マネージャーの視点で考える、エリア・マネージャーになったら営業部長の、営業部長になったら経営者の視点という具合に、上位者の目線を持つと、上が言っていることの正当性に気づく。

上に対して不満があったとしても、その上の人から見た自分を客観視すると、自分の考えの狭さに気づくことは多いですから、つまらない愚痴や不満が出なくなる。仕事に対して前向きになれるわけですね。

松田さんは、自分の立場だけでものを見て「視野狭窄になるな、外部の意見を聞け」とよく言っていましたが、同時に、「評論ばかりやっているやつはものにならない」とも言っていました。

とことん突き詰めて考えること、そしてコトと自分を客観視すること。この2つのことが求められるのがリーダーです。

松田さんの教育によって、吉野家ではそうしたリーダーたちが育ち、その人たちが今度はそのＤＮＡを下へと受け継いでいく。そうなって初めて吉野家のＤＮＡと言えると思います。

議論して、最後は上位者に従う

会社組織がおかしくなる時というのは、内部分裂が原因の場合が多いようです。「しかるべきじゃない時に、しかるべきじゃない相手に、しかるべきじゃないことを言うヤツが一番の組織破壊者だ」

松田語録ですが、意見があるなら、その当事者に、正しいと思う自分の意見を丁寧に堂々と言いなさい。陰でこそこそ、当事者でない人に当事者の批判を言っているような社員が会社をダメにすると同時に、自らの信頼を貶《おと》めてしまいます。

先のリーダーの心得の②は、そのことを戒めたものです。

言うべき相手は上司、部下を問いません。組織が正しく機能するためには、部下に言うだけなく、上司にもしかるべき場で、真摯に、恐れずに言いにくいこともきちんと言う人が不可欠です。

人に良く思われよう、波風を立てまいと思うあまり言いたいことも言わず不満を抱えたままでは、役割を果たせなくなります。

また、しかるべき人にしかるべきことを言わない人というのは、しかるべき相手ではない部下や同僚に愚痴をこぼす。すると、そういう場の否定論はとかく共感を呼び、皆の確信に変わっていく。これが組織破壊につながっていくわけです。

そういう意味で、しかるべき人にしかるべきことを言わない「いい子」ばかりがいる会社になったら危ない。

しかるべき人に意見を言い、そこで議論をし、その上で見解の相違が生じたら、その時は上位者の見解に従う。これが組織の健全な姿だと思っています。

正の5%がリードする組織

どの組織でも、「正」のベクトルを持った人たちと「負」のベクトルを持っている人たちがいます。

正の5%は、どんな状況でも自らの経験から何かを学び、前向きに次の仕事に生かしていこうとする人です。逆に負の5%は、常に不平不満が優先し、否定論ばかり口にするタイプです。

どちらも例外的な存在で、5~10%くらいずついる。どちらも影響力は強く、残りの8~9割の社員は、状況によってどちらかに引かれていくような構造になっています。

大多数の社員は流動的ですから、この人たちが負のほうに流れると、常に否定的に物事を考える組織になります。とくに、環境が悪い時は否定論のほうが同調しやすく、疑問、不満を抱えた社員が多くなる。さらには、そうした動きが面従腹背になれば、組織全体が不健全な方向に行ってしまいます。

とすれば、吉野家がここまで発展してこられたのは、逆境の時でも否定論に支配されずに前向きなリーダーが建設的な影響力を発揮してくれたからにほかなりません。

長く責任者を務めた人間として、苦境の時も負の方向に流れず、正のほうについてきてくれた多くの社員に、感謝しています。そして、これから先も発展していくためには、常に正の人たちがリーダーシップを発揮できる組織でなければならないということです。

正論が通る会社

もう一つは、正論が通る会社でなければならない、ということです。このことを学んだのは、更生再建時の管財人だった増岡章三先生からでした。

倒産した吉野家に対し、世の識者、マスコミ、経営コンサルタントといった人たちの多くは、「単品だから飽きられた」「あの店舗デザインでは女性は来ない」といった論評をした。それまで倍々ゲームで店舗を増やしていった松田瑞穂さんを時代の寵児のようにもてはやした人たちまでもが、こぞって手のひら返しだった。

しかし、増岡先生はこうした世間の否定論に惑わされない方でした。会社更生法の申請以来、客数を減らした最大の原因であった味と値段を見直したことで、既存店の売上げは着実に回復基調にあった。増岡先生は、その客観的事実だけを見ていました。

つまり、単品であることや女性受けしないことが問題なのではない、ダメになった原因を潰して、本来の姿に戻すことが先決。吉野家は単品で十分にやっていける、というのが正論だと見抜いてくれた。

当時、組織のトップに立つ増岡先生が正論の側に立ってくれたことで、吉野家は道を誤らずに短期間で更生を完了し、今日に至っています。あの時、もし増岡先生が世の声に迎合して、「このままではダメだ、メニューを増やしてデザインも一新しよう」となっていたら、吉野家はどうなっていたか。

それを考えると、トップが本質を見極め、正しい方向を示すかどうかで、会社の命運はまったく違ってきます。

一方で、これが正論だというものを作り出していったのは、現場の従業員たちの頑張りであったことも重要です。従業員たちが世間の声に惑わされ、やる気をなくしてしまっていたら、現場から上がってくる数字は芳しくないものになり、トップの判断を狂わせていたかもしれません。

あの当時、吉野家に残った者たちは、「吉野家の灯りを消すな」と必死で働く一方で、増岡先生の前だろうと大声で議論を重ねていました。「世間はああ言っているけど、本当はどうすべきなのか」といったことを議論し、私たちなりの正論を導き出そうとしていた。そんな議論を増岡先生は偏見を持たずに耳を傾けてくれました。

吉野家のＤＮＡということで言えば、吉野家は正論が通る会社であり、経営陣が正論を見誤るようなことがあれば、社員たちから「それは違う」と常にプレッシャーを受けるような体質であったということです。

一般的に組織は、大きくなればなるほど負の力も増大しがちですが、「吉野家は正論が通る会社である」というＤＮＡは、今後も力強く続くものと確信しています。

ごまかさない会社

企業で働く人たちの幸福感というのは、その家族を含め、まずはその組織に帰属していることに「誇り」を持てるということです。

そのために、企業はそれに見合う存在意義を持っている必要があります。自分たちの仕事が社会の役に立っているという実感があること、そして、利益の配分や労働条件が適正であること。この2つがなければいけません。

もし、会社側が社員に社会的な意義をいくら唱えても、劣悪な労働条件で働かせていたら、それは体《てい》のいい搾取です。社会的にも、労働条件にしても、この会社がやっていることは真っ当だと、心から社員がそう実感する会社――吉野家はそういう会社であると私は自負しています。

そのために吉野家では、経営上の数字をごまかさないでやってきました。

数字というものは、都合よくごまかそうと思えばどうにでもできてしまうところがあります。たとえば、かかった人件費をきちんとコスト計上しない、仕入れの取引先への優越権を利用して無理強いするといったごまかしをして、収益が上がったように見せかけることはできる。

ただ、そんなごまかしは相手にはわかってしまいますから、詭弁《きべん》を弄《ろう》したところで信用は失せてしまう。むしろ、そこを正直に、厳密にやったほうが、いざというとき、全社員が前向きに取り組めるようになるわけです。

実は、これも松田さんから学んだことです。先にもふれましたが、松田さんは、本当にきれいに清算する人でした。当時の飲食業界では考えられないことです。しかも、アルバイトの人たちに至るまで分刻みで計算し、割増しも含めて支払いを実行していました。

ですから、「ここはごまかしのない良い会社だ」と、働いているほうの信頼や誇りが意欲に繋がってくる。そして、仕事への好影響が会社全体に及び、引いては、お客様にも及ぶ。

吉野家の内情など知らないお客様にも、現場で働いている人たちの空気感というものは自然と伝わり、従業員の幸福感や充実感といったものは、お客様にも伝《でん》播《ぱ》していきます。

信用というものは、そういう目に見えないところからも生まれるものだと思っています。

変えてはならないものがある

一般的に人は新しい仕事を任されると、何かを変えようとしたがります。とくに経営陣やリーダーの顔が変わった節目では、自己実現の発揮で、とにかく変えたがるわけですね。

私も何から変えようかと迷いました。迷った挙句、変えてはいけないものは何かを決めました。そのうえで、それ以外は全て変えていく。変えるべきでないもの――それが、その企業にとってのＤＮＡだと考えればわかりやすいと思います。

吉野家では「６つの価値観」としてまとめましたが、第一に挙げたのが「うまい、しかし、「うまい、やすい、はやい」の優先順位は、市場の動向に応じて変えてきました。築地店だけだった創業当初は魚市場が持つ特殊性から「はやい、うまい」の2点で、「やすい」はなかった話をしましたが、当時はとにかく、毎日食べても飽きない「うまさ」とすぐに出てくる「はやさ」でした。

しかし、築地の外に出てチェーン化を標榜したときから、「やすい」という価格価値を加え、爆発的に店舗数を増やしていきましたが、一定数を超えたところで味を落としたばかりか、「やすい」の追求もままならなくなった。

その反省から、倒産、再建を経るなかで、「うまい」を最優先にして味の向上に努め、その後、私が社長になってデフレ時代がやって来ましたから、再び「やすい」に焦点を当てた。

ただし、この時は「うまい」を犠牲にしたわけではなく、「うまい」を保持したまま「やすい」のプライオリティーを上げることに挑戦したわけです。

言い換えれば、守るべきものの「順守」と時代への「順応」です。普遍的な原理は忠実に実践、継続するものの、一方ではマーケット（お客様）の変化を的確に読み取り、期待に応えられるよう自らを変えて適応する。それを両立させることを吉野家のＤＮＡとして継続できれば、お客様はきっと付いてきてくれると思っていました。

デフレが進んだ時期、外食のなかには、ディスカウントのみを追いかけ、勢いテイストを犠牲にするような動きも見られましたが、それでは息の長い価値形成、ブランド形成はできないし、主義に反する。

クオリティを変えずにプライスを下げれば、1食当たりの利益は落ちますが、そこは無駄を見つけ削減するコストダウンと客数（増加）でフォローしたことで、ブランド力を上げることにつながったと思っています。

いくら早くても安くても、うまくなければお客様の支持は続きません。単品でやってきた吉野家の場合はとくに、「うまい」を犠牲にして得られるものはない。この考えは変えてはいけないものです。

数字は目標であって目的ではない

ところで、吉野家のＤＮＡでやはり重要なキーワードの一つは、「数字」だと思います。

言葉だけで伝えようとすると、不思議なもので、まったく逆の解釈をされることがしばしば起こる。個々の役割を明確にし、協同作業を円滑に進めるには数字は必須の道具であるはずです。

ただ、だからと言って数字だけ伝えても、手段を選ばずは、不健全で不正に繋がりかねない。数字の達成がゴールになってしまうわけですね。

数字はあくまで目標設定の道具であって、目的ではありません。大事なことは、数字を使って目標を設定する時は、なぜ今この数字を設定するのかという目的と、こうすればこの数字が達成できるはずだ、という論拠を添えて伝えること。言わば「数字の翻訳」がポイントになります。

松田さんも数字にはこだわる人でした。私が吉野家の社員になった頃、すでに松田さんは、拡大していく一方の各店舗と本社をオンラインで結び、毎日の売り上げはもちろん、全品棚卸しして、原材料の消費量も把握して、毎日配送量を自動化していました。

それだけでも当時としては珍しい会社でしたが、なかでも、おそらく吉野家だけが取っていたのが「残飯量」のデータです。食べ残しが多いと松田さんは品質への不満メッセージとして受け止める観念を養わせました。

来店されるお客様に満腹な人、牛丼の嫌いな人はいないはず。だとしたら完食が当たり前で、食べ残しが出るということは何か問題がある、というわけです。

たとえば、白いご飯が多く残っていたら、タレの量が少なかった、ご飯がテカっていたら鍋の油抜きが十分ではなかったとか、何か原因がある。

残飯量が一定以上になったら、その前後で何か変化があったと考えられるので調査し、改善する。そのためのデータです。1970年代にはすでにこうしたデータをこまめに取っていて、のちにお世話になったレストラン西武の皆さんも驚いたほどです。しかし、これほど数字を道具として使いこなしていた松田さんですら、財務には無頓着で、急拡大→膨張が経営危機を招きました。

「数字は大事、しかし目的に非ず」と、私は肝に銘じてやってきました。

成長と安全のバランス

吉野家は1970年代後半に一気に成長して店舗拡大を図り、それが行き過ぎて倒産を経験しました。

私が入社した1972年、吉野家は東京中心部に4～5店だけの会社でした。その後、10店を超えてからピッチが上がり、全国展開が始まってからの急成長は凄まじいものでした。若い人たちは急激な拡大のため、ハードワークを通じて「仕事のコツ」というものを覚えました。

若いときはオーバーフローするくらいの膨大な業務量をこなすことで、仕事の優先順位をつけるクセが養われます。同時進行するさまざまな業務の中から優先的なコトを先行し、劣後のコトは後回しにする。そうした咄嗟《とっさ》の取捨選択は、ハードワークの体験を経ることでしか身に付きません。

若いときのこれらの体験は、どれほど肥やしになったことでしょう。成長性一辺倒の躓《つまず》きが起こったにせよ、そのなかで育まれたものも吉野家の核の部分です。

次に、真逆の概念である、「安全性」の重要性を教えてくれたのは増岡先生と今井先生です。物事を進める上で、あるいは新しいことを決める上で、思惑通りにいかないときはどうするか、またはなぜうまくいかないのかの原因分析やらもやった上で進めていかないと、見切り発車のワンマン経営は身を滅ぼすという痛みも覚えました。

安全性の何たるかを、吉野家は倒産によって学んできたのです。

無駄な経験はない

私のこれまでの経験から言えば、アルバイトから社長まで、どの仕事もすべて、私の成長のために必要なことだったと思います。

たとえば、新宿東店の店長経験も忘れられません。来客数が1日100人に満たない小さな店でしたから、あらゆる面で原始的な工夫が必要でした。わずか半年の経験でしたが、この店では、厳しい条件のなかで品質を維持する技術とサービスの原点を学びました。

一方、新橋店の店長時代は、1日6000人から7000人の客数で、同じ店長の仕事でありながら、多くの店員を抱えて異次元のマネジメントのコツと面白さを学びました。

また、九州地区本部長の時代には、新規開拓のためのさまざまな仕事を体験し、事業展開のためのオールマイティな経営活動により、ビジネスの面白さやダイナミズムを知ることができました。この2年間は忙しいながらも本当に充実感があり、社長業をする上での原点になった。

つまり、日々やっていることに無駄など一切ないということ。仕事の大小も関係ありません。ただ、何事も無駄にしないためには、忙しさにかまけて時を過ごすのではなく、そんななかでも常に神経を鋭敏にし、意識を高く持ちながら全力で挑戦することが大切です。

そうすれば、身の回りで起こることのすべてが教材になります。「こんなことやってもしょうがない」とか「もうダメだ」といった、後ろ向きの心こそ最大の敵です。

ピンチは必ず克服する

さて、吉野家のDNAのなかで最も特徴的なものの一つは、ピンチを克服するDNAだと思います。

大きいのは、倒産という地獄から短期間で這い上がった経験です。

1983年からセゾングループの支援を受け、再建していった吉野家は、それから4年後の1987年には100億円の更生債務を全額完済し、更生計画を完了しました。

さらに3年後の1990年には、株式の店頭公開（ジャスダック）に至るわけですが、この間に、つくづく「人間万事塞翁が馬《にんげんばんじさいおううま》」の教えを痛感しました。会社更生法の何たるかもよく知らず、まさか申請が通るとも思っていなかった。私自身も松田さんへの義理を果たしたら辞めよう、くらいに思っていたのですから、それを考えたらすごいことだったと述懐します。

そもそも、倒産危機に際し、松田さんが会社更生法の申請を主張して譲らなかった。ここで松田さんが諦めていたら吉野家は終わっていたか、吉野家のDNAとは無縁な人たちによって看板だけ引き継がれ、別物になっていたはずです。

そして更生法の申請によって吉野家再建に乗り込んできた増岡、今井両先生は、「必ず再建させる。諦めるな」と私たちの先頭に立ってくれた。申請が通るかどうか、再建できるかどうかわからない状況のなかを、社員たちも必死で頑張りました。

こうした諦めなかった人たちによって、吉野家の再建が叶った。おかげで、その渦中を経験し、吉野家の経営を引き継いだ私にも、決して諦めない精神が宿ったと思っています。

２００4年2月、吉野家から牛丼が消えることになった時、直前の店長集会で私は言いました。

「勝つまでやる。だから、勝つ！」

吉野家が経験した2度目の地獄でしたが、克服する確信がありました。

あの時は、牛丼の復活を待ってくれているお客様がたくさんいた。そして、逆境を克服する社員集団がいた。だから、諦めずに挑戦し続けるのは当然のことなんですね。

挑戦こそが人を育てる

「勝つまでやる」と腹を括《くく》って言えるようになったのは、倒産・再建という修羅場をくぐった経験が大きかった。そして、その修羅場をくぐることができたのは、20代の頃に滅茶苦茶に働いたからだと思います。

あの当時は、1人で2、3人分働く労働密度の濃さに加え、週80時間労働は当たり前というハードワークをこなしていました。1000人のお客様の顔と名前と「マイ・オーダー」を短期間で覚えることも苦になりませんでした。

同世代の若い人たちが多く、職場に活気がありましたし、店舗も目に見えて増えていく。働いただけ報われる職場だったことも大きかったと思います。困難があってもそれを乗り越えれば必ず自分が成長でき、ステップアップもできる。

吉野家のそういう環境が、やる気をそそったんでしょうね。「やらされ感」などまったくなく、もっとやればもっと面白いことがある、だからもっとやってやろうという気持ちで仕事をしていました。

言ってみればチャレンジ精神に溢れていたわけですが、そもそも松田さんがチャレンジ精神の連続で従業員を引っ張っていく人でしたから、吉野家で働くことは何かにチャレンジすることだと自然に思えたのだと思います。

BSE問題が発生した時は、牛丼を出せないことを梃子《てこ》にして、「ならば、牛丼なしでもやっていけることを証明しよう」と新メニューにチャレンジしました。

そこで頑張った社員のスキルと経験値は格段に上がり、精神的にも随分と逞しくなった。

言葉にすれば月並みかもしれませんが、チャレンジ精神こそが人を大きくし、会社を大きくしていく。吉野家はまさにそれを体現し、成長してきた会社です。私は吉野家でそれを学びましたし、これからもそれが学べる吉野家であってほしいと願っています。

自分で作り、自分で面白くする

人間の能力とは面白いもので、ある時期、集中的にハードに働くと、スキルが急激にアップします。つまり、量が質に転化する瞬間があるわけですが、ハードな現場を経験しているうちに、仕事が面白くなってくる人がどんどん出てくる。これも吉野家のＤＮＡだと思っています。

与えられた課題をこなすのが精一杯だった人が、頑張ってクリアする体験を積んでいくと、それだけではもの足りなくなって、自分で新たな課題を見つけて取り組むようになる。そうなると俄然、仕事が面白くなりますから、どんどんその先を求めていくようになるわけですね。

仕事はそれなりにこなすけれど成長が見られない人というのは、今より高い壁を見つけ、それを乗り越えていくことの面白さに目覚めていない人、肉体的にも精神的にも、そこまでのハードワークをやってみたことのない人だと言えるかもしれません。

私自身を振り返っても、確信的に自分の職務範囲をはみ出し、勝手に挑戦を続けてきたようなところがあったと思います。簡単なことを達成した時よりも、難しいことに挑戦して、それを達成した時のほうが喜びは大きいですから。

そうやって仕事が面白くなってくると思考の幅も深く大きくなり、幸福感もより大きくなる。吉野家にはそういうＤＮＡが備わっているはずです。

創業者の精神を忘れない

ここまで書いてきたことでおわかりいただけると思いますが、私がとくに意識してきたことは、私たちは、松田瑞穂さんが作った吉野家の継承者であるということです。

これまで語ったとおり、創業者の松田さんは、「すきやき丼」に近かったそれまでの牛丼から豆腐やたけのこ、こんにゃくなどを省き、「お客さんは牛肉を食べたいんだ」と言って、牛肉と玉ねぎだけを載せるシンプルな形の牛丼を開発しました。

「あってもなくてもいいものは、ないほうがいい。ないよりあったほうがいい程度のものもなくたっていい。なくてはならないものだけに集中して、最善手で取り組むことが価値を生む源泉である」は松田語録ですが、吉野家の牛丼はそうして誕生し、「はやい、やすい、うまい」の基本コンセプトを生み出しました。

松田さんが作った牛丼という商品のバリューはもちろんのこと、独自のシステムとオペレーションに裏打ちされた労働生産性や人材育成力の高さはすごいもので、これは簡単に生み出せるものではない。このベースがあったから短期間の再建も可能だった。

だからこそ、再建の途上でもう一度、創業の意図や精神を、改めて松田さんから学びたい、吉野家というブランドを作った松田さんの言葉をできるだけ聞いておきたい。そう思った私は、セゾングループの傘下に入ってからも、松田さんの家にも何度も足を運び、現状を報告したり、意見を聞いたりしてきました。

社長に就任してからはとくに、松田さんが創った吉野家のＤＮＡを受け継ぎ、未来に進化させることが大きなテーマでした。

実は、私が社長になった後、アドバイザー的な役職で松田さんに復帰してもらったこともあります。親孝行のつもりもありましたが、吉野家の象徴である松田さんを知らない世代に、直に触れる機会を作ってあげられるかもしれないとも思っていました。

もっとも、すんなり受けてはくれず、何度も断られました（笑）。そのときのやり取りはこうです。

松田「ところで何をやるんだ？」

安部「いえ…何をどうということでなく…その…時々私たちの相談に乗って頂ければ……」

松田「仕事もないのに報酬なんか貰えるか！　俺は物乞いじゃないんだぞ！」

それでも先輩に説得してもらい、とにかくアドバイザーに就いてもらいました。

すると、「若い人たちの研修をやる」と、アメリカのフードサービスの先進事例を視察するツアーを組むことになった。

不思議な縁ですが、この時にお供させたのが、今の社長の河村と広報部長の半田でした。ちょうど創業百年の時期でもあり、「オヤジに張り付いて、生い立ちやらバックグランドやらを聞きまくり、それを冊子にまとめなさい」と、彼らに命じました。

彼らにとっては貴重な経験だったと思いますが、アメリカから帰ってきた松田さんはそのまま入院してしまった。ガンの末期だったんですね。それから亡くなるまで数カ月でした。

私が松田さんにしばしば会いに行っていたことは、セゾンの幹部やら管財人からすれば、面白くないことだったかもしれません。しかし、管財人の増岡先生も、セゾンの堤さんも和田さんも、私のそうした行動を知りながら、見て見ぬふりをしてくれたばかりか、逆に信頼さえしてくれていたということを、あとで知りました。立場は違っても皆、創業者というものに対するリスペクトをお持ちだったのだと思います。

松田さんが最後に務めてくださったアメリカ研修

そういう意味でも私の人生は、素晴らしい人たちに恵まれたと、有難く思っています。こうした人たちのおかげで私たちは生かされ、今でも吉野家のＤＮＡは脈々と生き続けている。そのことを忘れてはいけないと思っています。

次の100年を担う後継者を育てる

企業を育てるということは、人を育てるということです。

ある時、「1億円儲かったら、何に使いますか?」と聞かれた松田さんは、「人の教育に使う」と即答していました。

どこよりも高い時給でアルバイトを募集したり、若い人材を高額なセミナーに通わせたり、新しい場（機会）を提供するたびに報酬を上げてくれたりと、松田さんの人材への投資は惜しみないものでした。

「人材に投資する」という松田さんが植えつけた吉野家のDNAは、今日にしっかりと引き継がれ、吉野家には、どこに行っても活躍できる人材がたくさんいると自負しています。

明治の元勲、後藤新平の「金を残すのは下、事業を残すのは中、人を残すのが上」という言葉がありますが、吉野家の次の100年を担う人を育てることが、私に課せられた使命だと思っていました。

会社を背負って立つような人を育てるには、早くて10年、お金で言うとざっと10億円はかかります。3人の経営者が必要なら、20～30人は試さなくてはならないからです。失敗への投資まで考えれば、そのくらいの額を投資するつもりでないと経営者は育ちません。

ですから、多少の失敗には目を瞑《つむ》り、経営者づくりの場を早めに提供してきたつもりです。私自身がそうやって育てていただいたわけですから。

難しいのは、私たちの世代が若い頃経験したハードワークや逆境といった環境が、若い人たちには当たり前には存在しないことです。会社の環境がそれだけ良くなったということですが、リーダーを育てるという面ではもの足りない。極めて困難な状況で思考し、工夫し、乗り越えた経験があるかないかは、いざという時に違いますから。

これから先のマーケットがどうなっていくか、予想は難しいですが、どんな逆境の時代が来ても負けずに、挑戦していく。お客様のために、勝つまでやる。そういう吉野家のＤＮＡを持った人たちを育てなければいけないと思っています。

人間万事塞翁が馬

最後に、私の座右の銘を挙げさせてください。

好きな言葉はいろいろありますが、一つだけ挙げるとすると、「人間万事塞翁が馬」という言葉になると思います。

世の中の吉凶災禍《きっきょうさいか》は変転きわまりなく、災いが原因で幸福がもたらされたり、幸福が原因で災いがもたらされることもある。そんな意味ですが、自分や周囲の人たち、会社の推移を振り返った時、「もし、あの人と出会っていなかったら」「あの時、あれが起こらなかったら」と考えてみると、本当に「人間万事塞翁が馬」を実感します。

バンドマンを志し、食い詰めた時に出会ったのが吉野家という職場であり、松田瑞穂さんでした。倍々ゲームで店舗を増やしていた時は、そのことが原因で劣化を招き倒産騒ぎとなった。しかし、一度地獄に落ちて、なぜそうなったのかを皆で考え、原点に立ち返ったことで再建ができた。

うまくいっている状態というのは、実は悪くなる原因を生み出す温床にもなり、逆境時は、まずい状況を生んだ原因を反省し、克服しようとすることでそれがバネになり、それまで以上に良い方向に変わっていく。

そう思っていれば、状況が悪い時でも「これから必ず良くなる」と、むしろ楽な気持ちになり、挑むべき課題がクリアになる。ところが、順調な時というのはつい驕《おご》り、慢心からつまらないことをやってしまいがちなんですね。

ですから、うまくいっている時ほど「気をつけろ」、「危ないぞ」と自分にシグナルを送るようにしています。良い状態を作ってくれた周囲の人たちに感謝し、驕らないようにすることが大切ですね。

感謝と言えば、2014年をもって私は経営から身を引き、河村泰貴をトップとする新体制へと切り替わりましたが、それまで私を支え、導いてくれたすべての仲間たちには、本当に感謝しています。なかでもとくに中枢にいて、陰日向なく私を支えてくれた4名を読者の皆様に紹介させてください。

「田中柳介」。新しい挑戦や突発した緊急事態の先頭に立って、局面を切り開いてくれた熱血漢。

「出射孝次郎」。一貫して吉野家の商品価値を創り、利益の源泉を守り続けた商品物流のエキスパート。

「田中常泰」。参謀として支え続け、京樽を再建上場に導いてくれた才人。

「折田昌行」。ナンバー2としてある時は背中を押してくれ、ある時は断念を促してくれた最も信頼する相談相手。

この4人が私と一緒に身を引いてくれた仲間たちです。新体制への移行に際して、さまざまな感情はあったと思いますが、吉野家グループの未来のために何一つ文句も言わず引いてくれた上に、後任の執行者たちのために全力で支援してくれている誇らしい侍たちです。

彼ら抜きに、私の社長業は成り立ちませんでした。本紙面をお借りして申し上げるのは誠に恐縮ですが、心から感謝しています。

私が約半世紀を過ごした吉野家に、今後何が起こるかわかりませんが、人間万事塞翁が馬。苦しい状況は良いことに向かう出発点ですから、前向きに一歩を進めることを忘れないことです。

そして、順調な時には気を引き締め、謙虚たれ。このことを肝に銘じながら、吉野家を支持してくださるお客様のために、全社員一丸となって頑張っていこうと思っています。

本書におつきあい頂きました読者の皆様、そして、これまで吉野家を支えて下さった全国のお客様に、重ねて御礼申し上げます。また今回、北村啓一さん、飯田健之さんに出版の労をとっていただきました。感謝申し上げます。

最後に、吉野家が苦しい時に励ましのお手紙と多額の寄附をお送り頂いた匿名の恩人に、何としても御礼を申し述べたく、本書がお目に留まりましたなら、密かにご連絡を賜りたいと心より願っております。

吉野家特製「金文字どんぶり」を100名の皆様にプレゼント！

本書をご購入頂きました読者の皆様、誠にありがとうございました。
本書の帯の裏面にあります「金文字どんぶり 応募券」を切り取ってハガキに貼り、下記の要領でご応募下さい。抽選で100名の方に、吉野家特製「金文字どんぶり」を差し上げます。

■応募要領：ハガキの裏面に本書帯の応募券を貼り、「住所 氏名 年齢 電話番号」をご記入の上、下記までお送り下さい。
本のご感想などお書き添え頂けますと幸いです。

■有効期間：2017年5月末日まで（消印有効）

■応募先：〒104-0061　東京都中央区銀座3-7-6
株式会社廣済堂出版 編集部
「金文字どんぶり」プレゼント係

※当選者の発表は当選品の発送をもって代えさせて頂きます。
お客様の個人情報並びにご意見・ご感想を、許可なく編集・営業資料以外で使用することはございません。

カバー絵　　　弘兼憲史
プロデュース　北村啓一
編集　構成　　飯田健之
装丁　　　　　若林繁裕

協力　株式会社 吉野家ホールディングス

吉野家　もっと挑戦しろ！　もっと恥をかけ！

2016年12月13日　第1版第1刷

著　　者　安部修仁
発 行 者　後藤高志
発 行 所　株式会社廣済堂出版
〒104-0061　東京都中央区銀座3-7-6
電話　03-6703-0964（編集）
　　　03-6703-0962（販売）
FAX　03-6703-0963（販売）
振替　00180-0-164137
URL　http://www.kosaido-pub.co.jp

印 刷 所
製 本 所　株式会社 廣済堂

ISBN978-4-331-51993-6　C0095
©2016　Shuji Abe　　Printed in Japan

定価はカバーに表示してあります。
落丁・乱丁本はお取替えいたします。